U0592873

经济管理学术文库·管理类

领导者内隐追随对员工创新行为的影响

基于结构方程的实证分析

The Influence of Leaders' Implicit Followership on
Employee's Innovative Behavior:
An Empirical Analysis Based on Structural Equation

梁 薇 刘 鹏／著

经济管理出版社
ECONOMY & MANAGEMENT PUBLISHING HOUSE

图书在版编目（CIP）数据

领导者内隐追随对员工创新行为的影响：基于结构方程的实证分析/梁薇，刘鹏著 . —北京：经济管理出版社，2022. 8
ISBN 978-7-5096-8676-8

Ⅰ.①领… Ⅱ.①梁… ②刘… Ⅲ.①人力资源管理—研究 Ⅳ.①F243

中国版本图书馆 CIP 数据核字（2022）第 156369 号

组稿编辑：王　慧
责任编辑：杨　雪
助理编辑：王　慧
责任印制：黄章平
责任校对：张晓燕

出版发行：经济管理出版社
　　　　　（北京市海淀区北蜂窝 8 号中雅大厦 A 座 11 层　100038）
网　　址：www. E-mp. com. cn
电　　话：（010）51915602
印　　刷：唐山昊达印刷有限公司
经　　销：新华书店
开　　本：720mm×1000mm/16
印　　张：15
字　　数：236 千字
版　　次：2022 年 9 月第 1 版　　2022 年 9 月第 1 次印刷
书　　号：ISBN 978-7-5096-8676-8
定　　价：78. 00 元

本书系以下资助项目的阶段性研究成果

教育部人文社会科学研究青年项目"数字经济驱动中小微企业高质量发展内在机理与实现路径研究"（21YJC790081）

山东省高等学校青年创新团队人才引育计划项目"旅游业投资风险与管理创新团队"（95）

泰安市科技创新发展项目（政策引导类）"森林康养共享模式下泰安市康养旅游协同发展路径研究"（2021NS346）

泰安市社会科学课题"'一群两心三圈'背景下科技创新驱动的泰安市旅游业与区域经济发展的耦合协调度研究"（22-YB-088）

泰山学院博士科研启动项目"后疫情时代中小旅游企业绩效提升路径研究"（Y-02-2021007）

山东省产业园区提升工程"泰山花卉苗木产业创新驱动与引领提升"（2019YQ012）

山东省重点研发计划（软科学）项目"山东省农业科技园区高质量发展路径研究"（2021RKY06108）

2021年本科教学改革研究项目"地方高校旅游管理一流本科专业建设模式研究"（M2021078）

前　言

　　本书以内隐追随为主要研究变量。领导者内隐追随是指领导者对下属应具备的品质和行为的看法。领导者对下属的态度和行为不仅会影响下属的职业发展，甚至会影响整个组织的绩效。因此，探究领导者心目中期望什么样的下属具有重大意义。领导者内隐追随是领导者对下属特性的预期和假定，包括内隐追随原型和反原型（Sy，2010）。国内外学者对领导者内隐追随的研究集中于对其影响因素的探讨，特别是在领导行为、领导—成员交换关系、工作满意度、工作表现、组织公民行为等有着显著影响。本书根据 Avolio 等（2009）的论点，以员工创新行为为因变量，考察内隐追随对员工创新行为的影响机制。

　　随着全球化进程加快，企业间竞争加剧，在此背景下员工创新行为对企业的生存、发展至关重要，员工创新行为被视为个人和组织的重要资本。下属与领导的关系在领导对下属的看法和下属行为之间起着重要作用。心理授权会影响下属对领导的积极内隐追随行为的认识，而在不同的心理授权水平上，员工的情绪体验也会有所差异，从而产生不同的效果。在高组织公平的组织情境中，下属与领导的交换关系和心理授权水平越高，越容易激发员工创新行为。

　　本书基于理论研究，探索领导者内隐追随的作用后果及其影响机制。本书的研究包括四个子研究：研究一，考察领导者内隐追随原型对员工创新行为的影响，以及在这种影响机制中，领导—成员交换关系、下属心理授权的中介作用和链式中介作用，以及组织公平的调节作用；研究二，考察领导者内隐追随认知差异对员工创新行为的影响，以及在此影响机制中心理授权的中介作用和个人—组织匹配的调节作用；研究三，考察旅游企业领导者内隐追随反原型对下属离职倾向的影响，并考察在此影响机制中领导—成员交换关系的中介作用和组织公平的调节作用；研究四，把内隐追随概念引入教育领域，考察中国高校教师内隐追随原型对学生创造力的影响，以及在此影响机制中教师支持和学生创新自我效能感的链式中介作用。

本书以文献资料为依据，建立理论模型，提出研究假设，采用 SPSS 与 A-MOS 统计软件进行了实证研究。

研究一结果发现，领导者内隐追随原型对于员工创新行为具有显著的正向影响。领导—成员交换关系和心理授权在领导者内隐追随原型与员工创新行为的关系中具有链式中介作用。在高领导者内隐追随时，领导—成员交换关系以及下属的心理授权随之增强，进而提高员工创新行为。此外，组织公平分别调节了领导者内隐追随原型（热忱和好公民）、领导—成员交换关系、领导者内隐追随原型（勤勉和热忱）与心理授权之间的关系。

研究二结果发现，领导者内隐追随认知差异负向预测员工创新行为，心理授权在此影响机制中起显著的中介效应，领导者内隐追随认知差异越大，下属的心理授权水平则越低，进而影响员工创新行为。此外，个人—组织匹配调节领导者内隐追随认知差异对下属心理授权的影响，进而调节了心理授权对领导者内隐追随认知差异与员工创新行为的中介作用。

研究三结果发现，旅游企业领导者内隐追随反原型正向预测下属离职倾向，在此影响过程中，领导—成员交换关系起中介作用，组织公平调节了领导者内隐追随反原型对下属离职倾向的影响，进而调节了领导—成员交换关系在领导者内隐追随反原型与下属离职倾向的中介作用。

研究四结果发现，教师内隐追随原型正向预测学生创造力，在此影响过程中，教师支持和学生创新自我效能感起显著的中介作用。

研究结果证实了领导者内隐追随对企业发展的重要性。为了促进员工创新行为，企业可以有针对性地提拔对员工有积极期望的领导。首先，在培养各层级领导者时，可以加强其对员工积极认知方面知识的培养。其次，在人力资源管理中，领导要注意员工的感受。领导作为组织的代言人，要重视下属的贡献和幸福感，增加下属参与与领导沟通、决策、交流的机会。再次，领导者应尽量保证组织的公平性，并根据员工的工作表现给予充分的奖励。最后，领导者要积极与员工保持顺畅的沟通关系，及时了解员工在工作中遇到的问题和需求，与员工形成良好的社会关系，提高员工的心理授权水平，进而增加下属的创新意愿，以此促进员工创新行为。

在本书研究期间，得到了泰山学院、泰安市科技局等有关院校与部门的指导与帮助，使得本书资料丰富、内容充实、数据准确、结论清晰，对此致以最诚挚的感谢！

梁薇　刘鹏

2022 年 5 月

目　录

领导者内隐追随对员工创新行为的影响

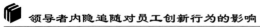

第一章　引论

第一节　研究背景及研究目的

一、研究背景

根据 Hofstede（2001）的文化维度理论，与西方国家相比，中国的社会权力距离较大。权力距离是指组织成员对权力分配不均的接受程度。在中国，由于权力距离较大，领导者对待员工的态度与行为直接影响其未来的发展，甚至会影响整个团队的绩效（倪亚琨等，2019）。因此，探索领导者心目中期望什么样的员工在中国有重要意义。内隐追随理论（Implicit Followership Theories，IFTs）是指领导者对员工应具备的品质和行为的观点（Sy，2010）。领导者内隐追随是领导者对下属的认知模式，反映了领导者心目中下属应该具有的特质（Sy，2010）。内隐追随分为积极的（原型）内隐追随和消极的（反原型）内隐追随（Van Gils et al.，2010）。领导者积极内隐追随是领导者对下属特质和行为的正面假定（Whiteley et al.，2012；Epitropaki et al.，2013）。具体而言，领导者希望员工勤于工作，热爱工作，品德优良。受积极心理学影响，学术界对积极特质表现出浓厚的兴趣，本书将研究重点放在对下属抱有正面期望的领导者身上。积极内隐追随包括领导者积极内隐追随与下属积极内隐追随，领导者积极内隐追随是指在领导者心目中关于下属正面特性的观点（罗瑾琏等，2018）。本书主要探讨了领导者积极内隐追随，即领导者对其下属特性和行为特点持有正面的假设（Whiteley et al.，2012；Epitropaki et al.，2013）。

虽然内隐追随仍然是一个较新的研究领域，但它已经引起了学界的关注，近年来在这方面已经有一些综合性的研究（Junker et al.，2014；曹元坤和祝振兵，2015；杨红玲和彭坚，2015）。根据内隐理论，领导者对员工有先入为主的认知，并在此观念基础上做出自己的判断进而影响他人（Fiske and Taylor，1991）。特质激活理论指出，情境因素可以有效激发下属的内在特性并将其转化为行为（Tett，2000；Tett，2003）。领导力一直被视为促进员工积极特质和行为的重要催化剂。根据社会认知理论，领导的内隐追随会影响领导及其下属的态度和行为（Lord and Maher，1993），领导的积极内隐追随能提高领导—成员交换关系水平（Uhl-Bien and Pillai，2007），不同层次的领导者内隐追随会导致下属的行为发生变化（Carsten et al.，2010），下属往往会根据领导者的期望行动（Eden，1992）。所以，从内隐追随视角研究下属行为，就是从"下属视角"来分析领导者如何认知、决策和行为（Sy，2010；Shondrick and Lord，2010；Whiteley et al.，2012；Epitropaki et al.，2013）。总体而言，迄今为止对内隐追随的研究还处于起步阶段，学者们的研究主要集中在探索内隐追随的影响结果。结果显示，内隐追随对领导信任、好感、领导与下属的交换关系、工作满意度、工作绩效及组织公民行为均有明显影响效果（Sy，2010；Whiteley et al.，2012；孔茗和钱小军，2015；祝振兵等，2017a）。我们可以利用皮格马利翁效应来说明这些情况，皮格马利翁效应指出领导者对下属的预期和认知会对领导者的态度和行为产生影响，进而对其下属行为产生影响（Rosenthal，1993）。皮格马利翁效应说明了领导对其下属的认知如何影响员工的行为和态度。一些学者指出后续研究应该关注内隐追随的其他结果变量，进一步扩大对内隐追随作用后果的认识（Epitropaki et al.，2013；孔茗和钱小军，2015）。

在竞争激烈的全球市场中，创新是增强公司竞争力和确保长期竞争优势的重要因素，甚至能够决定企业的生死存亡（Scott and Bruce，1994）。随着全球经济一体化的发展，企业的领导者越来越注重下属的创造力，并期望通过激励下属的创造力来促进企业的创新绩效。员工创新行为对于确保企业的生存和成功非常重要，被视为个人和组织的重要资本（Kanter，1983；West and Farr，1990）。一些学者研究证明，员工创新行为是企业创新的前提和基础（Woodman et al.，1993；Shalley et al.，2004），员工的创新行为可以提高组织绩效（Dedahanov et al.，2017）。

个人特征和领导力是影响员工创新行为的重要因素。Duradoni 和 Annamaria（2019）发现外向性等人格特征与员工创新行为密切相关。Dedahanov 等（2019）认为，家长式领导通过心理授权的中介作用影响员工创新行为。Opoku 等（2019）对加纳制造业进行了实证分析，发现服务型领导是员工创新行为的一个前因变量。Amabile（1996）认为内在动机是创造力构建模型中影响员工创造力和创新行为的关键因素。领导者的职责就是培养员工创新行为，以实现持续的竞争优势和组织的成功（Shaley et al.，2004；Zhang and Bartol，2010）。识别组织内部影响员工创新行为的主客观因素，引入新的概念或理论，特别是关于员工创新行为的新概念或理论，对于把握员工的行为机制具有重要意义。王弘钰和李云剑（2017）发现变革责任感在内隐追随与员工创新行为之间起部分中介作用。

本书基于内隐理论和皮格马利翁效应，解释领导者内隐追随如何影响员工创新行为，并探索在此影响机制中领导—成员交换关系和心理授权的链式中介作用，以及组织公平的边界效应。

二、研究目的

本书基于内隐理论，对在中国大中型企业工作的领导及其员工进行了配对调查。本书旨在深入研究领导者内隐追随与员工创新行为之间的影响机制，为组织选择领导者，改善员工的创新行为提供依据。在我国，领导的态度和行为会影响员工。因此，研究中国背景下领导者内隐追随对员工创新行为的影响具有非常重要的现实意义。具体研究目标如下：

（1）本书提出研究的必要性，从内隐理论视角研究领导者内隐追随对员工创新行为的影响，以帮助企业选拔领导和培养下属，促进企业创新和持续发展。

（2）本书试图探索在领导者内隐追随与员工创新行为的影响机制中，领导—成员交换关系和心理授权是否起链式中介作用，以及组织公平是否起调节作用。本书还探讨了领导与员工的互动关系，揭示领导者内隐追随对员工创新行为的影响机制，为后续研究员工心理和行为提供新的视角，为改善企业员工创新行为、提高企业绩效提供重要依据。

第二节　研究方法与思路

一、研究方法

本书采用文献研究和实证分析并行的研究方法。

文献研究中，把领导者积极内隐追随设定为自变量，员工创新行为设定为因变量，领导—成员交换关系、心理授权设定为中介变量，组织公平设定为调节变量。本书考察各变量的概念和构成因素，并进行相关理论研究。此外，本书通过考察以往研究中变量之间的关系，设定研究假设并建立模型。

实证分析中，对我国大中型企业的领导及其员工进行了配对调查，利用SPSS 24.0 和 AMOS 24.0 对收集到的匹配数据进行分析，在频数、信度、探索性因子分析以及相关分析的基础上，运用结构方程式（SEM）对研究模型进行了路径和拟合度检验，利用 Bootstrapping 方法检验链式中介作用，并运用层次回归法对调节效果进行了分析。

二、研究思路

本书共六章，具体结构如下：

第一章阐述了本书的研究背景、研究目的、研究方法与思路，揭示了研究意义与发展趋势。

第二章根据已有的研究成果，对本书涉及的各变量进行分类，并对各变量之间的关联性进行了梳理，为本书的假设打下了一定的理论基础。

第三章对本书的研究内容及研究方法作了较为详尽的阐述。以文献资料为依据，构建了研究模式与假设。根据研究的需要和目的阐明了各个变量的操作性定义。详细阐述了用于检验假设的样本特征、测量工具和统计分析方法。使用 SPSS 24.0 和 AMOS 24.0 进行了探索性因子分析、验证性因子分析、可靠性分析、相关分析、结构方程分析等统计分析。首先，通过数据分析对研究假设进行检验并得出分析结果。其次，检验假设是否被接受并解释其原因。再次，根据统计结果和假设是否被接受，分析原因并解释。最后，针对分析结果揭示的问题提出了解决方案和启示，并指出本研究的局限性和后续研究方向。

第四章提出了内隐追随认知差异的概念，根据文献研究提出研究假设构建理论模型和有调节的中介模型，并运用 SPSS 和 AMOS 验证假设，检验领导者内隐追随认知差异对员工创新行为的影响作用，以及在此影响机制中心理授权的中介效果，以及个人—组织匹配在领导者内隐追随认知差异与下属心理授权关系中的调节作用和调节中介作用。最后，根据分析结果进行讨论，指出解决方案和研究启示。

第五章分析了旅游企业领导者内隐追随反原型对下属离职倾向的影响作用，以及在此影响过程中领导—成员交换关系的中介作用和组织公平的调节作用和调节中介作用。运用 SPSS 和 AMOS 验证假设，针对分析结果找出原因并作出解释，针对揭示的问题提出解决方案和启示。

第六章分析了山东省高校教师内隐追随对学生创造力的影响，以及在此影响机制中教师支持和学生创新自我效能感的链式中介效应，运用 SPSS 和 AMOS 验证假设，针对分析结果进行讨论，针对揭示的问题提出解决方案和启示。

第二章 理论基础与相关文献述评

第一节 理论基础

内隐追随理论是由内隐领导理论发展和演变而来的，本书结合内隐领导的有关理论，将其划分为领导者内隐追随的形成依据、延伸及应用理论。

一、领导者内隐追随的形成依据

内隐追随的形成机理包括有限容量模型、联结主义网络模型、自适应共振理论、认知分类理论。

1. 有限容量模型

Lord 和 Maher（1991）提出了四类具有代表性的竞争模型：理性模型、专家模型、六阶段循环模型以及有限容量模型。其中最有影响力的是有限容量模型，它假定个体对信息的处理程度是有限的，如果现实的感觉与脑海中简化的认知图相符，那么个体就会对信息做出一个简单的描述。这样无须进一步分析，就可以直接输出与信息有关的结果，从而大大提高个人对信息和事件的分析能力，为内隐追随的研究奠定了理论基础。该模型假定，个体通过内部的原始图示，对海量的信息进行精简，并将其与已有的下属类型或原型相对照，依据知觉的程度对其进行有效和无效的评估。有限容量模型为了解领导者与下属的认知结构及其对个体态度与行为的影响过程提供了重要基础（Epitropaki et al.，2013）。

2. 联结主义网络模型

联结主义网络模型认为一个人对外部事件的感知是一种与多种神经元网络相联系的过程（Lord and Brown，2001）。联结主义网络模型利用各种形态的神经元网络，对外部信息进行接收、整理、整合，并激活不同的连接单元，从而产生不同的认知机制。这个系统具有自我学习和调节的功能，个体可以通过学习来调节神经元的重量。联结主义网络模型突出了其动态性和稳定性，说明了其在领导心目中的稳定、灵活特征，是对有限容量模式的一种有效扩展，从而对追随原型的激活、释义和辨识的过程进行了强有力的阐释。

3. 自适应共振理论

自适应共振理论认为面对外界刺激信息，个体的神经元网络能够自发进行识别、编码，个体对外界的刺激会产生双向评估，这种面对刺激信息的评估会与个体心目中原有的图示发生匹配，如果匹配成功会强化个体心目中的内在原型对认知过程的影响，而一旦匹配失败，个体会将外界刺激信息归类为其他或者重新建立新的类别与外界刺激进行匹配，这个过程与物理学上的"共振效应"类似。该理论解释了追随原型与外界环境相互作用的动态过程（Shondrick and Lord，2010）。基于自适应共振理论，个体的神经元网络不仅可以构建新的认知原型，而且可以不断修改和完善现有类型，以适应外部环境的变化，并与个体进行互动。

4. 认知分类理论

认知分类理论认为，个体能够识别外部事务，并按照其客观特征进行分类。分类的过程分为纵向分类与横向分类，两者交错构成个体的认知范畴。认知分类理论侧重纵向分类，认为纵向分类可以分为三个层次：最高层次、基础层次、附属层次。Lord（1984）在内隐理论中引进了认知分类的观点来说明下属对领导者归类的过程，比如最高层次是领导和非领导，这一层次又包含横向分类：商界领导、教育界领导、政界领导，分类是从高层向低层延伸的，最高层次的领导者分类会延伸到下属的基础层次，附属层次是高一层级的细微划分。类似地，Sy（2010）运用认知分类理论开发出了西方内隐追随量表，研究下属与非下属特有的特征、特性。不同文化中对下属分类与评判的标准也因认知分类层次不同而产生差异（祝振兵等，2017；郭衍宏和兰玲，2017；王弘钰和李云剑，2018）。

二、领导者内隐追随的延伸及应用理论

内隐追随理论涉及心理学与组织行为学两大学科，其理论基础是在心理学领域建立的，并应用于组织管理各领域。

1. 社会认知理论

环境、人和行为是相互影响和决定的（Bandura，1977），个体的认知受外在环境影响，个体行为也会影响外在环境。Bandura（1977）从环境、人、行为三个方面探讨了环境、人与行为的动力相互作用，认为环境、人、行为三者是相互独立、相互联系、相互制约的理论实体。个人在处理外在的客观事件时，会伴随着对内部的认识过程，因而，个人的认识过程既是外在的，也是内隐的（Epstein，1994）。Weick（1995）将个人运用自己的认识图来了解别人的行动称为"意会"，还有一些把这种认识与行动联系起来的研究称为"感知—行动"（Bargh et al.，1996；Chartrand and Bargh，1999）。实证分析中，社会认知理论主要用于研究不同的内隐跟随模式对领导模式的影响，例如，Goodwin（2000）提出了西方内隐跟随原型为变革型领导模式的前因变量。

2. XY 理论

XY 理论是道格拉斯·麦格雷戈（Douglas McGregor）在《企业的人性面》一书中提出的，其本质是 XY 假说。他对以前的管理理论进行了总结，认为某些下属没有野心、只追求经济利益，这些下属被归类为 X 下属。对于这种下属，领导者最有效的激励办法就是经济报酬，增加金钱奖励、设置严格的监督与惩罚办法，以免出现一有机会就偷懒的情况。与 X 理论相对的是，一部分下属以自我实现为目的，勤奋、负责、有高度创造力，这部分下属被归结为 Y 下属。Y 理论告诉我们，领导者应该尊重和相信下属，给他们更多授权和自主权，为他们提供工

作、发展的条件和机会，以下属的职业发展而非金钱来奖励下属，给下属更多空间以发挥他们的才智，在满足下属个体需要和目标的同时促进组织目标的达成。XY 理论是统一价值杠杆上的两个终端，是一个问题的两个不同侧面，而非互不兼容的对立关系。

3. 自我决定理论

自我决定理论认为，外在条件与个体的因果取向相互作用，使其能够满足三种基本的心理需求：自主需求、胜任需求、归属需求，刺激个体的动机，进而影响到其行为（Deci and Ryan，1985）。个体的因果取向是指个体对外在行为的判断能力的一种取向，它包含三个层面的认知取向：自主性取向、控制型取向和非个人化取向（赵燕梅等，2016）。自主性取向是指个体对自身利益的认同与整合倾向；控制型取向是指个体倾向于报酬、限期甚至某些非自愿的准则；非个人化取向倾向于无助和失控。自主性需求则是个人意识到自己的行为是由自己决定的；归属感则是一种对别人的关怀，一种依赖于他人或群体的安全感；而能力需求则是个人在与外界互动的过程中，自我感觉良好，并有能力达成目标（Deci and Ryan，2000）。自我决定理论尤其重视自主性需求，认为当个人的自主性需求被充分满足时，其他的动机就会变得更加内在化。

4. 领导—成员交换关系理论

领导—成员交换关系理论认为，由于时间与资源的限制，组织内的领导者不会对每个人都采取相同的态度和行为，而是会挑选一群符合自己意愿的下属，作为自己的"圈内人"，其余的则成为"圈外人"。"圈内人"会得到领导者更多的关心和爱护，也能在组织中获得更多晋升和发展机会；而"圈外人"则享有较少的晋升和奖励机会（Graen and Cashman，1975）。领导—成员交换关系的形成是长期的、纵向发展的过程，其发展可以归纳为四个阶段：第一个阶段是工作社会化和垂直关系中上下级差异的发展，通过这一阶段的发展，下属中出现了圈内与圈外的差异；第二个阶段是改善工作情景下领导—成员交换关系质量的品质，促使"圈外人"向"圈内人"转变，并与结果变量建立联系；第三个阶段是双方建立合作伙伴关系，形成共同的工作愿景；第四个阶段是领导—成员交换关系由单一的二元关系发展为团队关系，构成了"团队—成员"交换关系。领导者与团队成员共享身份的类型差异会影响下属群体对领导者的认同。Van Knippenberg（2011）证明了群体内隐原型的存在，这为领导者内隐追随与团队追随原型的匹配奠定了理论基础。

5. 角色理论

角色理论是从角色的角度分析和研究个体的社会性行为。角色理论包括角色认知、角色学习、角色期望等方面的知识。第一，角色认识。在社会关系中，不同的社会性角色都有其相应的角色行为。个体对于自己的行为和身份的认知，往往基于对别人的行动和身份的了解。第二，角色学习。个体往往承担着不同的责任和权利，其社会地位也在发生着变化，个体在社会化过程中必须学会适应多种社会行为。第三，角色期望。在一个组织里，个体始终占据着某种"职位"，而那些占据了"职位"的人则会被赋予某种希望，这些希望就会变成一个人的预期。通常在某个特定岗位上，角色期望是一种标准化、规范化的行为。在中国，权力距离指数相对较高，人们越发重视个体承担起社会对自身角色的预期责任。王弘钰和李云剑（2018）利用角色理论对内隐追随效应进行了实证分析，证实了其对创新行为的正面预测作用。

6. 特征激活理论

Tett 和 Burnett（2003）在前人研究的基础上，提出了一种"特征激活模式"，用以解释个体特征与工作表现之间的影响关系。在此模式下，个体特征与工作表现的关系在一定程度上受到环境因素的激励和抑制作用，即根据环境影响强度不同，个体特征与工作表现的关系强度也不同。个体特征是个体的神经特征，能够控制一个人的行为，从而从内部和外部影响他的行为。而环境则包括三种类型，均与个体特质相关，分别是任务本身的设计、他人对自身的影响和组织对自身的影响。特征激活模式指出，当外在环境与个体特征相符时，或对个体特征进行"弱干预"时，会导致个体特征向现实行为转变，进而影响其表现。彭坚（2016）认为仁慈领导在下属内隐追随行为中起到了积极的促进作用。下属的心理授权可以激发领导者的自我内隐追随，进而对领导者和下属的关系产生影响

（孔茗和钱小军，2015）。情绪对内隐追随有一定的激励作用（Kruse and Sy，2011）。特征激活理论证明了内隐追随原型对员工创新行为的作用机理（祝振兵等，2017）和内隐追随由特征到行为的转变过程（罗瑾链等，2018）。

第二节　内隐追随

一、内隐追随的内涵研究

1. 内隐追随理论

内隐追随理论（Implicit Followership Theories，IFTs）是在内隐领导理论的基础上发展起来的，是认知理论在追随领域的实际应用。Junker 和 Van Dick（2014）指出应该从员工的角度理解领导力发展。De Viries 和 Van Gelder（2005）提出了内隐追随理论的概念，并指出内隐追随反映了领导对员工的期望和信念，但没有进行相关的实证研究。Holzinger 和 Medcof（2006）提出了内隐追随原型的概念，它被定义为一种通过个体社会化过程存储在领导者头脑中的关于员工的固有观念。Carsten 和 Uhl-Bien（2009）将内隐追随定义为一种个人感知，是对表现出色的员工行为和特征的固定印象。这个定义强调的是优秀的员工，并不包括所有员工。Sy（2010）在 Carsten 和 Uhl-Bien（2009）提出的“优秀下属”的基础上扩展了内隐追随理论的概念，将其定义为领导心中固有的关于下属员工行为和特质的期待和假说。内隐追随理论的核心是“原型”，“原型”是指领导者心中对“员工是什么样的人”和“员工应该是什么样子”的独特认知（Batsalou，1985）。Sy（2010）还从领导者的角度和员工的角度扩展了内隐追随的定义。从领导者的角度来看，内隐追随是一种领导者对下属特性和行为的假定；从下属的角度来看，内隐追随是下属心目中关于其特性和行为的假定。Sy（2010）按照下属的工作效率将其划分为“原型”和“非原型”，“原型”是对下属正面

（勤勉、热忱、好公民）的认知模式。"非原型"是对下属负面（从众、不服从、无能）的认知模式。Sy（2010）所提的内隐追随概念被学术界普遍采用。

Junker 和 Van Dick（2014）认为内隐追随包含原型规范和原型效价两方面的内容，他们认为 Sy（2010）的概念仅仅考察了内隐追随原型的有效性，而忽视了内隐追随原型的标准性。在中国，学者们认为内隐追随不仅包括内在认知，也包含外部认知，将内隐追随定义为"内在认知图示"更准确（杨红玲和彭坚，2015）。根据 Sy（2010）的看法，把内隐追随概念化为"根据社会化进程，经过长期认同与内化，以抽象的方式存储在大脑中的对追随（下属的特性和行为）的认知图示"。尽管学者们对内隐追随的定义存在一些差异，但概念的本质基本保持不变。

领导者所持有的内隐追随，不是对其实际接触到的员工特征的认识，而是在领导者社会化过程中不断识别和内化后储存在其心中的对下属的认知。领导者心中对下属特性的认知会影响其对下属的态度与行为（Lord and Maher，1993）。在组织实践中，领导者会依据自身固有的追随原型来对下属进行判断、选择与评估。因为领导者对下属的特征有更加客观和敏锐的认识，所以大部分关于内隐追随的研究都是从领导者的角度研究下属应具备的特征和行为。本书依据 Sy 的定义，也试图从领导者的角度来考察内隐追随。

2. 相关概念辨析

本书在阐述内隐追随理论的基础上，从内隐追随与外显追随、内隐追随与内隐领导、内隐追随与 XY 理论展开了概念辨析。

（1）内隐追随与外显追随。

内隐追随与外显追随是截然不同的两个概念，内隐追随是指领导者对于下属特性的认知图示，而外显追随则是指下属的实际追随行为。Bennis（2008）起先认为追随即是下属的追随行为，忽略了领导者和下属的相互影响，随后又把其改为"追随是领导者和下属为了达到共同目的而形成的一种关系"。Cox 等（2010）认为，追随不是对领导者命令的消极回应，而是一种来自下属内心的决定，是其对领导者做出的选择。彭坚和王霄（2015）认为，追随是从组织的管理实践中衍生出来的一种观念，内隐追随和外显追随具有交互作用，领导者的内隐追随在"领导者—下属"的互动中被激活，而且对下属的外显追随产生影响。本书所说的"追随"是指下属的"外显追随"，和"内隐追随"是两个相对的概念，不应混淆。

（2）内隐追随与内隐领导。

内隐领导理论是指下属关于有效领导者特征的信念和假设（Offermann et al.，1994）。Kennedy 等（1996）将其定义为下属在社会化过程和其他经历中形成的关于领导者应该具备的品质和行为的期望和信念，核心是对领导者特质和行为的认识。下属对比自己心中形成的认知图式和领导者实际表现出来的特征、行为，将领导者分为有效领导者和无效领导者（Lord et al.，1984）。内隐领导理论很重要，因为它影响下属对领导者的期望以及他们对领导者行为的评价。有效领导的内隐领导理论决定了对各种类型领导行为相关性的感知（Lord and Maher，1990）。内隐领导的形成受到下属特性、家庭与文化因素的影响。尽管内隐追随和内隐领导具有相似的逻辑与研究方式，但它们之间最大的差异是认知的客体不同。内隐领导着眼于下属如何看待领导者特性和行为，而内隐追随则以下属为中心，着眼于领导者心中对下属的期望。

（3）内隐追随与 XY 理论。

McGregor（1960）提出了 X 理论和 Y 理论，他认为领导者对下属有不同的看法。他将基于人类较低需求的权威控制来制定管理策略的传统观点称为 X 理论，将关注人类较高需求和成长方面的新管理体系称为 Y 理论。X 理论假设人类天生讨厌工作，缺乏野心和责任感，不喜欢变化，以自我为中心，并会对外在激励、金钱奖励或惩罚做出反应。Y 理论假设人类本质上想要享受工作和承担责任，在解决问题时具有创造性，能够自我调节，能被自我实现的需要等更高层次需求的满足所激励。McGregor（1960）认为领导者的这些不同假设会影响他们对待下属的方式。作为内隐追随和 XY 理论的共同特征，两者都指出领导—下属假设影响领导者的态度和管理风格。与 XY 理论相比，内隐追随通过认知分类和原型匹配，能够动态地说明内在认知图示的作用机理。另外，XY 理论对下属有一个绝对假定，而内隐追随则是基于领导者自身经历设定对下属的期望，这种期望是因人而异的，能更清楚地解释关于下属角色的内在认知（Sy，2010；Junker and Dick，2014）。

二、内隐追随的维度

内隐追随有两种测量方法，包括直接测量与间接测量。直接测量采用学者们研制的测量量表进行测量，间接测量主要有单类内隐联想测验与投射测验。

1. 直接测量

Carsten 等（2010）对下属进行问卷调查，得到了有关下属特征的 12 个项目。根据这些项目的分值差建立了"消极—积极"连续模型将下属分为三种类型：顺从型、积极型与消极型。曹元坤和祝振兵（2015）认为在实际测量中，Carsten 等（2010）研制的量表不稳定，应该慎重采用。

Sy（2010）研制了包含积极与消极两个方面的内隐追随量表。采用 18 个单词进行调查，积极维度包含正直、热忱和好公民，消极维度包含从众、不服从和无能。每个维度都采用 3 个单词进行描述。该量表有严格的设计程序，有良好的可靠性，能满足统计学的要求。

Derler 和 Weibler（2014）将内隐追随划分为两个层面，即特征与行为。借助已有的测量工具进行这两个层面的测量，特征层面的测量采用 Sy（2010）研制的积极内隐追随量表，行为层面的测量采用 Mom 等（2007）研制的量表。

在 Sy（2010）之后，学者们对内隐追随的研究逐渐转向了无效的、被动的以及反理性的内隐追随。Yip（2013）基于 XY 理论、归因理论，提出内隐追随的两个维度，即能力与动机。Kopelman 等（2010）采用 Y 理论量表对内隐追随进行测量。Derler 和 Weibler（2014）从特征和行为两个方面对内隐追随的内涵进行了阐释，特征量表的建立与测量采用 Sy（2010）研制的积极内隐追随量表，采用 Mom 等（2007）研制的量表进行行为维度的测量。

Mohammadzadeh 等（2015）探讨了内隐追随的结构，即下属认知中自身应该拥有的正面特征和行为。他们认为下属内隐追随包含追随原型和追随非原型两个层面，共 25 个项目。

祝振兵等（2017a）采纳了 Van Gils 等（2010）所提出的内隐追随概念，指出内隐追随是对积极、有效的下属特质的认知。他们认为内隐追随仅包括积极维度，效率低下的下属通常会被组织淘汰。曹元坤和祝振兵（2015）采用 Sy（2010）的方法，让受访者描述脑海中想象的有效下属的特征，根据收集到的数据准备初步问卷，并通过因子分析探讨内隐追随的构成因素。由此，探索得出内隐追随有好公民、能力、态度三个维度。

2. 间接测量

因为内隐追随是一种很难被直观地观察和了解的认知变量，也有一些研究者使用了间接测量方法。Tram-Quon（2013）试图通过单类内隐联想测验来衡量下属的内隐追随。在测量过程中，下属被视为"对象（目标）"，测量工具借用了 Sy（2010）开发的量表。Epitropaki 等（2013）使用投射测验间接测量下属的内隐追随，在测量过程中先了解受访者的背景情况，受访者根据背景情况写一个故事，并说明他们心目中"普通员工"的行动，最后使用 Sy（2010）开发的量表，要求受访者对故事中"普通员工"的行为进行评分。

三、内隐追随的前因变量研究

纵观以往的研究，内隐追随的成因主要有三个方面：个人特征、环境因素和文化因素。

在个人特征方面，内隐追随受个人生理和心理因素的影响。Sy（2010）指出性别、年龄和教育水平可能会导致内隐追随的差异。Epitropaki 等（2013）和 Duong（2011）发现具有"大五"人格特质中的外倾特质的人具有更高水平的积极内隐追随。Kruse 和 Sy（2011）通过实验证明，积极情绪可以诱发领导者积极的内隐追随，而消极情绪可以诱发领导者消极的内隐追随。Rothstein 等（1994）证实个性是个体认知差异的原因。根据 Engle 和 Lord（1997）的研究，领导者的人格特质和情绪会影响其内隐追随，Johnson 等（2008）验证了性别会影响领导者的内隐追随。

在环境因素方面，家庭成长环境或组织内外部环境都会影响内隐追随。个体对组织角色的期望不仅受组织环境的影响，还受其父母人格特质的影响。Hunt和Auster（1990）证实个人的早期经历（刺激事件）会影响他们内隐追随的形成和发展。父母是个体生命中最早的"领导者"，父母与孩子之间的互动可以看作第一个"领导与下属"的互动。Keller（1999）的一项研究发现，个人对组织内角色（包括领导者和下属）的期望大多是其父母性格特征的典型特征。Derler和Weibler（2014）发现市场环境和组织类型对领导者的内隐追随有显著影响，当市场供需关系动荡时，领导者更喜欢具有创新等探索性行为和好公民特性的下属，市场竞争与内隐追随的下维变量好公民正相关。组织内部环境中的组织氛围和领导风格会影响内隐追随，偏好权威领导的组织中下属构建的内隐追随会更消极（Carsten et al., 2010）。Goodwin等（2000）的一项研究发现，变革型领导和交易型领导对下属的期望明显不同。Derler和Weibler（2014）专注于商业环境中的内隐追随，认为市场行情会影响领导者的内隐追随。Kruse和Sy（2011）认为，当实现组织绩效目标时，领导者的内隐追随会更加积极。

在文化因素方面，根据Holzinger和Medcof（2006）的文化维度理论，不同国家之间的文化差异会对个体内隐追随造成影响。在中国忠于领袖、尊重权威、无私奉献是下属的理想素质。Hoption等（2015）指出，在西方国家下属对领导者的尊重和顺从是一种消极的角色特征。中国学者研制的内隐追随量表与西方背景下开发的量表相比，既有相同之处，也具有独特的中国文化特征，从而证实了内隐追随受文化的制约和影响。不同于西方学者制定的量表，顺从在中国是积极的内隐追随维度（郭衍宏和兰玲，2017），但被美国学者Sy（2010）视为消极的内隐追随维度。

在考察文献资料的基础上，总结内隐追随的影响因素，具体见表2-1：

表2-1　内隐追随的影响因素

研究者	影响因素
Duong（2011）	人格特质，外倾性

续表

研究者	影响因素
Kruse 和 Sy（2011）	个性，情绪
Goodwin 等（2000）	变革领导力，交易型领导力
Carsten 等（2010）	组织氛围，领导力类型
Derler 和 Weibler（2014）	市场形势，组织调节机制
Holzinger 等（2006）；Sy（2010）	个人—集体主义价值倾向，权利距离
Sternberg（1985），Junker 和 Van Dick（2014）	文化

四、内隐追随的结果变量研究

先行研究中内隐追随的影响结果主要表现在领导力、下属态度和行为以及组织方面。本书回顾了现有文献并将其做如下分类：

在领导力方面，个体的认知会影响其行为，当领导者的内隐追随被激活时，会影响其态度和行为，这主要体现在领导者对下属的态度、行为和对领导者与下属关系的评价。

在领导者对待下属的态度方面，Sy（2010）指出拥有积极内隐追随的领导者会更喜欢下属。Whiteley 等（2012）发现，在领导者内隐追随被激发之后，领导者对下属的工作预期较高，对下属的关注程度也更高，而且下属的工作绩效也会得到提升。杨红玲和彭坚（2015）推测持有消极内隐追随的领导者会表现出消极的态度和行为，但这还处于理论推理阶段，后续需要持续的研究。Mayer 等（1995）的信任理论认为，对下属的内在感知是个体人格特质的一部分，不仅在一定程度上反映了个体的信任倾向，还会对领导者和下属之间的相互信任有影响。

在领导者的行为方面，领导者积极的内隐追随对领导行为（Yip，2013）、变革型领导（Duong，2011）以及领导支持（祝振兵等，2017a）均有显著的正向影响。近年来，学者们从相互作用的角度探讨了下属追随对领导者内隐追随的影响，结果表明，当下属按照领导者的期望行事时，会减少领导者的消极行为（祝振兵等，2017b）。研究还发现，内隐追随显著改善了诸如授权型领导（彭坚等，

2016）和仁慈型领导（王震、彭坚，2016）等积极的领导行为。

　　研究领导者和下属的相互作用对于进一步探索内隐追随对个体态度和行为的影响具有重要意义。此外，领导者对下属的内在期望极大地影响了领导者如何看待其与下属之间的关系。领导—成员交换（LMX）理论是指在有限的时间和精力条件下，领导者可以在工作中与每位下属建立不同程度的交流。这些下属中，有一些被领导者信赖成为其"圈内人"，也有一些成为领导者的"圈外人"（Graen and Uhl-Bien，1995）。在组织中，如果领导者拥有积极内隐追随，可以给予下属较多的信任、好感与支持，而如果领导者对下属抱有消极内隐追随，则不会给予下属信任、喜欢和支持，这些下属由此成为"圈外人"（Duong，2011；Whiteley et al.，2012）。Epitropaki 等（2013）认为，领导者内隐追随与下属实际特征的匹配程度影响领导—成员交换关系水平。领导者内隐追随与下属特质之间的匹配效应对消极行为产生显著的负向影响，而且内隐追随对领导—成员交换关系有积极影响（Kedharnath，2012）。

　　从下属角度来看，领导者及其下属的内隐追随水平对下属的工作投入、工作满意度以及工作绩效均有一定影响。Sy（2010）认为领导者积极内隐追随对下属工作满意度产生正向影响，而消极内隐追随对下属工作满意度有负向影响，这个观点在后续研究中也得到了证实（Duong，2011；Kedharnath，2011；彭坚和王震，2017）。彭坚和王霄（2016）发现，当领导者和下属都持有积极的内隐追随时，能够正向预测下属的工作投入。另外，领导者积极内隐追随会对下属的离职意愿与组织承诺产生正向影响，领导者积极内隐追随提高了下属的组织承诺水平，而消极的内隐追随会带来负面影响（Duong，2011；Kedharnath，2011）。

　　领导者对下属特征持有消极期待会使下属情绪耗竭，从而促使下属离职倾向提高（郭衍宏和兰玲，2018）。如果领导者的内隐追随与下属的实际追随不匹配，可能会给下属造成过度的心理负担，下属可能会出现工作满意度下降、情绪耗竭、组织承诺水平降低等情况（彭坚等，2018）。Whiteley 等（2012）证实，对下属持有积极假设的领导者会给予下属更多的喜好和更高的绩效期望，这可以提高下属的自我效能感和工作绩效。此外，领导者积极内隐追随对团队绩效（Sy，

2010)、下属的角色内行为（孔茗和钱小军，2015）与组织公民行为（Duong，2011）均有显著的正向影响。

孔茗和钱小军（2015）认为，领导者积极内隐追随可以显著提升下属的内在动机和创造力，而祝振兵等（2017a）的研究结果发现，领导者积极的内隐追随与员工的创新行为有明显的相关关系。王弘钰和李云剑（2017）证实，从下属的角度看，领导者积极的内隐追随可以预测员工的创新行为。学者们试图从多个角度阐明领导者积极的内隐追随对创造力和创新行为的影响机制，但现有研究中关于领导者积极内隐追随与创新行为之间关系的研究并不多，因此这一研究是非常重要和紧迫的。

以往研究总结如表 2-2 所示。

表 2-2 内隐追随的影响结果

作用		影响结果	研究者
中介效果	领导者的态度	领导者对下属的态度、领导对下属的好感、信任和工作满意度	Sy（2010）
		对下属的绩效期待、好感	Whiteley 等（2012）；Eden（1992）
	领导者的行为	领导者的指导行为	Yip（2013）
		变革领导力	Duong（2011）
		授权领导力	Epitropaki 等（2013）
		领导支持	祝振兵 等（2017a） Kierein 和 Gold（2000）
	和下属的关系	领导—成员交换关系	Duong（2011） Whiteley 等（2012） 孔茗和钱小军（2015） Whiteley 等（2012）
调节效果	下属角色知觉		Epitropaki 等（2013）
	领导者的职场经验		Whiteley 等（2012）
	个人—岗位匹配度、个人—领导匹配度		Boon 等（2011）
	内在动机		祝振兵 等（2017a） Epitropaki 和 Martin（2005）
	对上司支持的知觉		罗瑾琏 等（2017）

续表

作用		影响结果	研究者
调节效果		内隐领导和内隐追随的相互作用	Van Gils 等（2010） 唐金湘（2015）
		心理授权	孔茗和钱小军（2015）
影响结果	幸福感	主观幸福感	Sy（2010） Epitropaki 等（2013）
		心理安全感、工作满意度、组织承诺	Sy（2010）
		工作满意度	Duong（2011） Kedharnath（2011）
		情绪	Hoption 等（2015）
	角色内绩效	下属的角色内绩效	Whiteley 等（2012） Epitropaki 等（2013） 孔茗和钱小军（2015）
		下属间的绩效差异	Carsten 和 Uhl-Bien（2009） Collinson（2006） Shondrick 和 Lord（2010）
		角色内行动及组织公民行为	孔茗和钱小军（2015）
		下属的追随力	罗瑾琏 等（2017）
		团队绩效	Epitropaki 等（2013）
	角色外行为	下属的角色外行为	Hoption 等（2015）
		组织公民行为	Duong（2011） Junke 和 van Dick（2014）
		员工创新行为	祝振兵 等（2017a） 王惊（2019） 王弘钰和李云剑（2017）

第三节　员工创新行为

一、员工创新行为的概念

随着我国经济发展加快，企业发展面临更多机遇和挑战，创新对企业发展的重要性日益凸显。在当今复杂多变的社会中，创新已成为企业打造核心竞争力以及生存发展的关键影响因素。为了让企业组织在瞬息万变的全球市场中获得竞争优势，创新必不可少（Pieterse et al.，2010）。创新意味着"创造新事物"。创新包括创新思维、产生创新想法、创新行动等多个步骤。企业创新主要包含组织层面、团队层面和个体层面。其中个体层面的创新是组织和团队创新的基础。自20世纪70年代以来，个体层次上的创新行为研究逐渐出现，学者们对此进行了多角度的探讨，而对下属创造性行为的探讨也成为一个新的研究方向（Zhou and Shalley，2008）。本书着重于员工创新行为的研究。

员工创新行为属于"角色外行为"，即员工创新行为不包括在正式的角色预期中，而是由下属自发产生的行为（Katz，1966；Katz and Kirton，1978；Organ，1988）。很多学者对员工创新行为进行了不同视角的解释和阐述。

一些学者从个体特性如意志、知觉、行为倾向等方面对创新行为进行了界定。Guilford（1950）将创新行为界定成个人特有的才能。Kirton（1978）则提出，个人的认知与其行动紧密相连，进行创新行为不仅可以打破常规，重构自己的感知结构，还可以从另一个视角来考虑问题。在此基础上，Hurt等（1977）认为创新行为是个体愿意做出变化的愿望。

很多研究将员工创新行为界定为程序或结果。Kanter（1988）指出，创新的起点是下属的个人创造力，员工创新行为从问题识别、创意采纳和提出解决办法开始，为创意寻找支持，团结支持者，使个人创意转化为产品或提供服务。Van de Ven（1986）将创新行为定义为挑战现有秩序，对公式化的旧想法进行重组，通过创意产出、开发和实施来产生结果的过程。创新行为被 Amabile（1988）定义为选择有创造性的想法并将其转化为有用的产品、服务或流程的过程。创新行为是指在个体有意引进并在组织中应用新想法，目的在于使角色绩效和团队绩效得以显著提升（West and Farr，1989）。下属为执行其任务而开发或引进的创新概念化为工作角色创新，它被定义为旨在通过引进新创意，彻底改变处理方法、流程和程序来提高任务绩效结果的行动（Farr and Ford，1990）。

在前人研究的基础上，Scott 和 Bruce（1994）将创新行为界定为通过创造并提供与下属工作相关的新点子，从而提高个人和企业绩效的行为。他们指出创新行为的起点是创造力，建议采取具体行动，例如，确保实现新技术、制造工序或产品创意所需的资金，以及制订和安排适当的实施计划。换句话说，创新行为是构成组织的个体为提高组织绩效，在包含创意提出、创意实施的过程中，经历问题意识、创意选择、开发、采纳、实践及传播的过程。因此，创新行为的构成范围比创造力更广。

Oldham 和 Cumming（1996）认为创新行为是将原创和创造性的结果成功可视化并全面实施。Carmeli 等（2006）将创新行为定义为当个人或群体面临问题时，通过从过去的经验中获得的知识来解决问题的想法，或提出以前不存在的新想法或解决方案，构建有可信度和有效性的创意，产生可行的模型或可用的样本等对组织有利的、多样的过程。Janssen（2005）认为创新行为不仅是员工工作中为提高绩效进行的有计划的新创意提出行为，而且是帮助新创意引进、应用以及传播的过程。

本书沿用 Janssen（2000，2005）提出的创新行为概念，从发现新问题，到提出新创意，再把创意"具体化"。本书认为，仅仅将员工创新行为界定为创新倾向、知觉和意愿是远远不够的，应着眼于创新想法是否得以实现，考察创新绩效（技术创新、管理创新或服务创新等）。

二、创新行为的维度

纵观以往的研究，可以看出创新行为并没有统一的定义，学者们从各个角度制定了衡量创新行为的量表。创新行为的维度可以概括如下：

Farr 和 Ford（1990）提出了创新行为的维度，包括对必要变革的自我感知、对下属实施必要变革和变革效用的感知、产生新想法的能力和自我效能。West 和 Farr（1990）将创新行为分为概念化、创造和应用三个部分，Scott 和 Bruce（1994）将创新行为划分为创新认识和创造性实践，创新行为是包括发现问题、产生想法、寻求支持者以及与支持者一起开发创新模型的过程。此后，Janssen

（2000）把创新行为分为三个阶段：提出创意、宣传和实践。而 Kleysen 和 Street （2001）把创新行为分为机会探索，创造、调查、引进创意，探讨宣传，传播，应用五个部分。其中，大部分学者在论文中采用 Scott 和 Bruce（1994）提出的创新行为构成要素，他们定义的创新行为不包括创意推广。Janssen（2000）认为，为了取得支持者的支援，需要在创新行为构成要素中加入与创意推广相关的内容。Messmann 和 Mulder（2012）也认为，为了传播和实践想法，需要上司和同事的支持。因此，本书在 Janssen（2000, 2005）研究的基础上，尝试使用创新行为的三个构成要素：创意提出、创意推广和创意实施。

1. 创意提出

创意提出意味着产生新颖、有用和原创性的创意（Janssen，2000）。换言之，创意提出的过程就是发现工作中存在的问题，探索和创造新创意的过程。此外，创意提出不仅包括在组织内部产生和发现想法，甚至从组织外部借用想法（金太昊和卢宗浩，2010），还包括通过融合现有信息和概念进行重构（De Jong and Den Hartog，2008）。创意提出与员工的工作环境密切相关。当一个组织的环境是多样的、有巨大变化时，员工就会感知到需要开拓思路来解决问题。创意提出始于个人的思考过程，创意可以在这个过程中得到发展。开发新想法，认识到个人所面临的问题并获取信息来解决这些问题（宋定秀和杨笔石，2008），寻找合适的方法和技术对解决个体工作或组织中的问题非常重要（裴规植等，2008）。因此，创新行为可以说是从创意提出开始的。

2. 创意推广

创意推广是指通过各种努力寻找帮助创意得以实现的支持者，为创意的实施奠定基础（Janssen，2005）。李文善和姜顺英（2003）认为创意推广是创意提出后，为保障创意实施，寻求支持者并构成联合团体的过程。组织有偏好熟悉拒绝变革的倾向，可能会拒绝实施新的创意。因此，如果没有领导和同事的支持和帮助，新的创意是很难实现的。为实现创意而积极寻求支持者的过程，可以最大限度地保障创新行为的实施。换句话说，创意推广可以吸引下属对新想法的支持和共鸣，并获得积极的支持，即创意推广提高了创新行为成功实施的可能性。

3. 创意实施

创意实施是指应用新想法，并最终在个人的工作角色和组织中取得成效（Janssen，2000）。换句话说，创意实施意味着在组织内应用新产生或引进新创意来提高绩效（金太昊和卢宗浩，2010）。创意实施是指利用创意提升工作绩效，可以说其是创新行为中最重要的维度。换言之，创新行为并不仅停留在创意提出的层面，而且包括将创意具体实施、在组织内部识别和传播的过程。为了促使创意成功实施，有必要制订一个系统的实施计划（Messmann and Mulder，2012）。此外，研究发现，对创意实施采用积极的奖励制度可以促进组织成员的创新行为。因此，构建创新模型，提高创意实施的可能性，可以给组织带来变化（O' Reilly and Tushman，1997）。

三、员工创新行为的前因变量研究

创新行为与创新有关，创新行为是指以提高个人和组织绩效为目的，引进、应用和传播新的、有用的创意的一切活动。许多学者研究发现，领导风格、工作特征（Oldham and Cummings，1996）、组织创新氛围、个体特征（Scott and Bruce，1994）以及团队成员之间的关系（Shalley et al.，2004）和许多其他因素会影响员工创新行为。此外，金日千（2003）发现，内部控制点、组织自豪感和任务特征，工作强度、任务非常规性和关系特征，领导—成员交换关系、团队—成员交换关系和组织特性特征，创新支持性组织文化程度和权力下放程度对创新工作行为有影响。研究者们从个体、领导、团队和组织三个方面对影响员工创新行为的因素进行了探讨。

从个体特征层面来看，Kanter（1988）认为创新的关键要素是下属的创造力。情绪对员工创新行为有显著影响，积极情绪可以增强下属的多元思维、联想和问题解决能力，从而提升下属的创新能力（Oldham and Cummings，1996）。Tierney 和 Farmer（2002）从员工的个体特征出发研究了创新自我效能感及其作用机制，验证了员工的创新自我效能感对创新行为和绩效有正向影响。此外，学习目标导向（Hirst et al.，2009）、自我领导（Stashevsky et al.，2006）、心理安全、信息共享质量（Lee et al.，2011）、心理资本（姚艳虹等，2015）等对员工创新行为有很大的影响。

从领导因素的角度来看，Scott 和 Bruce（1994）研究发现，领导者在提高员工创造力方面发挥着重要作用。George 和 Zhou（2007）指出领导者使用积极或建设性的反馈方法可以增强下属的创造力。创新型领导与员工创新行为之间也存在密切关系（Gumuluoglu and Ilsev，2009；Pieterse et al.，2010；Sharifirad，2013）。创新型领导与员工创新行为的关系中，下属的个人认同起中介作用，心理授权具有调节作用（Pieterse et al.，2010）。在对员工创新行为的影响方面，支持型领导与支配型领导的作用恰恰相反。支持型领导对下属工作提供正面和有意义的反馈，并且会激励下属不断提出问题，从而提升下属的内在动机（Deci and Ryan，1985），继而能够正向预测员工创新行为（George and Zhou，2007）。而支配型领导对下属实施严密监督，要求他们严格遵守规则和准则，阻止下属参与决策，从而减少了员工创新行为（George and Zhou，2001；Zhou and George，2003）。

从团队和组织层面来看，下属感知到的组织创新氛围以及其心理授权对提高其创新行为有重大影响（Tierney et al.，1999；Stokols et al.，2002）。Hirst 等（2009）认为下属的创造力受团队学习行为的影响。Amabile（1988）指出，员工创新行为受创新的组织激励、工作资源和管理职能三个因素的影响。组织文化和创新氛围（Scott and Bruce，1994）、组织氛围（Sethia，1989）、对新创意的支持（Isaksen et al.，2001）、团队和社会环境（Munton and West，1995）以及其他外部环境因素会对创新行为产生影响。李颖等（2009）对近 100 个企业的 374 个下属进行了研究，结果表明，在企业内部，员工创新行为受到人力资源管理实践和自我效能感不同程度的影响。另外，组织激励也能提升员工创新行为（Woodman et al.，1993）。企业可以通过外在的奖励，如报酬激励等来提高员工的创造性。

第四节 领导—成员交换关系

一、领导—成员交换关系的概念

20 世纪 70 年代，Dansereau（1975）提出了"垂直二元联结"理论（Vertical Dyad Linkage，VDL），认为领导者对待所有下属并不是用同样的方式，打破了领导对所有下属都一视同仁的假设。领导—成员交换关系（Leader-Member Exchange，LMX）的一个重要特征是根据与领导者交换关系水平把下属分为"圈内人"和"圈外人"（Dansereau et al.，1975）。此后，"垂直二元联结"理论被引入，领导—成员交换理论得到了更大的发展。领导—成员交换理论关注领导者和下属之间的个别互动，而不是领导者的行为或特征。领导—成员交换理论的核心思想是领导者对不同下属有不同态度，他们和每个下属之间的关系也不尽相同。根据与领导者关系的远近，下属被分成"圈内人"或"圈外人"。作为"圈内人"的下属，更容易得到领导者的信赖、帮助和实际利益，反过来"圈内人"下属也会回报给组织更高的承诺和忠诚。领导者与"圈内人"下属之间保持着一种高水平关系，这是一种相互尊重、相互信任和相互影响的关系。领导者和"圈外人"下属之间的关系则更加常规和低水平。"圈外人"下属使用较少的资源，他们的工作仅限于相对一般的任务，获得奖励的机会较少。因此，领导者自然而然与一些对实现组织目标起决定性作用的下属关系密切，而与其他下属只有常规的互动。此外，每个下属对与领导者关系的感知不同，团队中有多少下属，这些下属就能与领导者形成多少不同的人际关系（Liden et al.，1993）。考察以往学者对领导—成员交换关系理论的研究能够发现，具有高水平交换关系的下属表现出高绩效，高质量的领导—成员交换关系能够带来积极的结果，例如积极的工作评价、晋升机会、组织贡献、领导的关心和体谅以及工作态度等（Graen

and Uhl-Bien，1995）。

领导—成员交换关系是在社会交换理论和角色塑造理论的基础上发展起来的（Chen and Klimoski，2003；Tekleab et al.，2005）。根据社会交换理论，个体的社会互动是在追求自身利益的过程中产生的，只要成本不超过收益，每个个体都试图维持这种交换关系（Tyler and Lind，1992）。Blau（1964）指出，社会交换关系包括社会交换与经济交换。社会交换关系是指下属与领导者相互信任，在此基础上，组织内领导者向下属提供投资和奖励，为他们提供社会认可，社会关系关注长期的关系和强调关系中的社会—情感方面。换句话说，从领导者的角度来看，向下属提供重要的有形和无形的价值，可以从下属那里获得理想的绩效。从下属的角度来看，自己的价值得到了领导的认可，可以感受到对领导的个人责任。根据角色形成理论，特定角色是由领导与下属之间的互动关系形成的，从而形成领导力风格（Graen and Scandura，1987）。在角色形成理论中，领导力取决于下属与领导的互动，根据情况，领导者可能是特定下属的有效领导者，但对其他下属则是无效领导者（Dienesch and Liden，1986；Graen and Scandura，1987）。因此，领导—成员交换理论可以看作一种考虑领导者与其下属的个别关系，侧重领导者与其下属相互交流的理论。

Diensch 和 Liden（1986）研究领导—成员交换关系对组织绩效的影响，将领导者视为在向下属传递角色的过程中最有影响力的角色传播者，他们认为领导—成员交换关系是通过四个步骤形成的。具体来说，"领导者和下属之间开始互动""领导者试探性地将角色或任务分配给下属，以测试下属的能力和态度""下属对领导者指派的角色和任务的回应，也就是下属对领导者行为进行归因""领导者对下属的行为进行归因"。Graen 和 Uhl-Bien（1995）对领导—成员交换关系进行了探讨，认为领导者和下属的交流是一种"社会上的利益或恩惠的交换"。换言之，他们将领导—成员互换视为一种以领导者与下属之间的关系为基础的社会性交易。

二、领导—成员交换关系的前因变量研究

迄今为止，国内外学术界对领导—成员交换关系的相关理论进行了大量的探

讨，重点探讨影响其作用的因素。这有助于改进和增强领导—成员交换关系，以帮助组织实现其目标。结合前人的研究，本书主要从领导、下属、组织环境三个角度分析影响领导—成员交换关系的因素。

从领导者的视角来说，Fairhurst 等（1987）认为领导者与下属之间的交流会对领导者对待下属的态度产生影响。Day 和 Crain（1992）指出，领导者与下属的情感因素对领导—成员之间的交换关系有一定的影响，而正面的情感因素能促进领导者与下属的交流。Krishnan（2005）指出，变革型领导和领导—成员交换之间存在着正向的联系。Tangirala 等（2007）认为，当领导者掌握了有效的信息和资源时，会对领导—成员交换关系产生明显的正面作用。许多学者都认为，领导者对下属的预期会对领导—成员的转换产生重要的影响（Sy，2010；Van Gils et al.，2010；孔茗和钱小军，2015）。

从下属的视角来说，下属的个体特点对领导—成员交换有重要的作用。下属的绩效表现、特点、控制点、态度等都会对领导者产生影响。Dienesch 和 Liden（1986）指出，环境因素对领导者—成员交换关系的形成有一定的影响。Liden 等（1997）通过实证分析证实，下属和领导者的共性与领导—成员交换关系密切相关。Wayne 等（1994）发现下属讨领导者欢心的行为会显著影响领导—成员交换关系。

从组织环境的视角来说，组织环境包括领导者的工作压力、组织规模、组织政策，以及组织文化。Henderson 等（2009）研究发现，组织资源能显著影响领导—成员交换关系，组织文化与组织人事管理制度会正向影响领导—成员交换关系。

三、领导—成员交换关系的结果变量研究

很多研究都表明，领导—成员交换关系可以带来很多后果。总结过去的研究，发现领导—成员交换关系对下属的工作满意度、工作态度、沟通效率、组织承诺、组织公民行为以及离职倾向产生显著的影响。在此基础上，研究者们考察了领导—成员交换关系对下属的组织承诺、工作绩效以及组织公民行为的作用。

Graen 和 Schiemann（1978）研究分析了 109 名领导者及其配对下属的匹配数据，结果显示，在高质量的领导—成员交换关系中，领导者对下属的工作表现出较大的兴趣，并为其提供不同程度的支持。Liden 和 Graen（1980）证明，高质量的领导—成员交换关系能使下属承担更大的责任，并能使他们在工作时更加卖力，从而改善他们的工作绩效。Basu 和 Green（1997）的研究显示，制造企业中领导与下属之间的高水平交流关系可以促进员工创新行为，属于"圈内人"的下属可以从领导那里得到更多帮助和支持，有助于提高下属的归属感和忠诚度。Gerstner 和 Day（1997）指出，领导—成员交换关系会显著影响下属对领导者的满意度、对工作的满意度、角色模糊、组织承诺、角色冲突以及下属能力。Basu（1992）证实，领导者与下属之间的交换关系水平越高，组织承诺（Kinicki and Vecchio，1994）和员工创新行为水平就越高。

Mayfield 和 Mayfield（1998）研究证实，属于"圈内人"的下属创造了更高的工作绩效和工作满意度。Harris 等（2009）探讨了领导—成员交换关系、心理授权与下属行为之间的关系，领导—成员交换关系对心理授权具有重要的影响，而在领导—成员交换关系和离职意图、工作绩效之间的关系中，心理授权起到中介作用。

Janssen 和 Van Yperen（2004）研究认为，下属感知的领导—成员交换关系的质量越高，组织没有正式要求但有助于组织绩效的创新行为就越多。此外，领导—成员交换关系质量会因领导者与下属性别不同存在差异，当领导者和下属均为男性时，领导—成员交换关系的质量最高。

第五节　心理授权

一、心理授权的概念

管理者和学者基于结构授权提出了心理授权的概念（Psychological Empowerment，PE）。随着公司规模的增长，高层管理人员很难进行所有的管理活动，所以将部分职责和权力下放给下属来提高管理活动的效率，这就是授权。Conger 和 Kanungo（1988）将授权定义为动机赋予，是提高员工个人自我效能的过程，而不是简单地将权力和资源授予下属。从那时起，对认知心理授权的研究越来越活跃。Thomas 和 Velthous（1990）在 Conger 和 Kanungo（1988）的研究基础上进一步加深了对授权的理解，并首次提出了心理授权的概念。换言之，心理授权是个体从工作中获得鼓励和满足的积极结果，是内在动机的过程。Thomas 和 Velthous（1990）认为，授权是关于工作环境的四种认知结构的格式塔，是对个体工作角色的积极导向，以及个体的自我控制，即增加的内在动机。他们奠定了心理授权研究的理论基础。Spreitzer（1995）在 Thomas 和 Velthous（1990）的研究基础上，将授权定义为由四个维度组成的概念，作为下属的动机赋予因素，即工作意义、自我效能感、自主性和工作影响力。心理授权的这四个要素可以提高工作积极性、工作效率和工作满意度。此外，Ozer 和 Bandura（1990）认为心理授权是"激发内在动机并利用认知资源采取行动以应对特定事件的能力"。Corsun 和 Enz（1999）认为心理授权是赋予权利或方法的情感激励过程。

基于以往的研究，本书中所研究的心理授权可以定义为心理自我控制，它使下属能够充分发挥其潜力，并有效应对突发变化可能带来的任务模糊性和复杂性。

二、心理授权的前因变量研究

心理授权是个体的心理认知与体验，不同的人在不同的环境下会有不同的认知。过去的研究发现，人体特征、工作特征以及组织环境等都会影响心理授权。

就个体特征而言，人口统计学变量如性别、年龄、学历、工作年限、收入、职位等对心理授权都有一定程度的影响，但各研究者的研究结果不尽相同。在 Koberg 等（1999）、Hancer 和 George（2003）、Hechanova 等（2006）的研究中，不同性别个体间心理授权存在显著差异，而 Boudrias 等（2004）则主张性别对心理授权没有影响。Spreitzer（1996）发现教育水平与心理授权之间存在正相关关系，但 Koberg 等（1999）认为教育水平与心理授权之间完全没有关系。Rinehart 和 Short（1993）研究发现教师的年龄和工作年限可以在极大程度上预测心理授权水平。此外，他们还证实了个人的个性特征如自尊、控制点、反省、心理气氛等对心理授权的影响。研究者认为，自尊对心理授权的子变量自我效能感（Spreitzer，1995），对心理授权的所有子变量（Menon，1999）均有显著影响。心理授权的子变量与控制倾向（Thomas and Velthouse，1990）、反省（Cyboran，2005）均有显著的相关关系。

就工作特征而言，工作多样性、明确性、任务完整性、重要性以及反馈等均与心理授权有着紧密的联系。Thomas 和 Velthouse（1990）的研究认为，个体固有的内部环境和客观的外部环境会影响心理授权。客观的外部环境从领导层面来看具有代表性的就是领导的行为，从工作层面看就是指工作特征。Kraimer 等（1999）指出，工作多样性、重要性和完整性等工作特征要素对心理授权的子变量工作意义和自主性有显著影响。Liden 等（2000）认为，心理授权的每个下维变量都受工作特征、领导—成员交换关系和团队成员间关系的影响，工作特征影响心理授权也得到了 Kark 等（2003）的验证。

就组织环境而言，组织氛围、组织公平、组织文化、组织资源、组织支持和信息等因素对心理授权有显著影响。组织环境因素如领导力、工作特征和薪酬制度等对心理授权有显著影响（Thomas and Velthouse，1990）；心理授权在变革型领导与下属工作绩效的关系中起着明显的中介作用（Bass，1999）；组织环境因素中如组织支持、信息、参与氛围和控制点等均与心理授权紧密相关（Spreitzer，1996）。良好的组织氛围（Seibert et al.，2004）、组织背景因素（Johnson and Thurston，1997）、组织文化（Goodman et al.，2001）都会影响心理授权。

三、心理授权的结果变量研究

先行研究表明，心理授权的影响结果主要集中在两个方面：第一个方面主要研究心理授权对下属工作态度与行为的影响；第二个方面研究心理授权对个体或组织绩效的影响。

心理授权对工作态度与行为的影响主要集中在研究心理授权对组织承诺、工作满意度、离职意图、组织公民行为和创新行为的影响上。Thomas 和 Tymon（1994）指出，心理授权对工作满意度呈正向影响，Li 等（2008）通过实证分析证实心理授权对工作满意度有显著影响。很多学者研究证实心理授权对组织承诺（Spreitzer，1996；Kirkman and Rosen，1999）有显著影响。Bogler 和 Somech（2002）研究发现，心理授权的子变量自我效能感和工作影响对组织公民行为有显著的预测作用，心理授权对员工创新行为有明显的积极影响（Janssen，2005）。

心理授权有助于提高下属工作绩效。心理授权的下维变量工作意义、工作影响力、自我效能感和自主权均能提高下属的工作效率、满意度以及工作绩效（Spreitzer，1995）。如果个体察觉到其工作是有意义的，将会更加积极地工作（Liden et al.，2000）。Thomas 和 Velthouse（1990）发现当下属在工作过程中有自主权时，他们会更有动力，工作表现也更好。心理授权与工作绩效密切相关（Chen et al.，2007），对提高生产力有显著影响（Rosen，1999）。

第六节　组织公平

一、组织公平的概念

Adams（1963）提出公平理论，正式开始了对公平的研究。Walster 和 Berscheid（1973）扩展了公平理论的应用范围，将公平理论应用于人际关系、帮助他人的群体行为、亲密关系等研究中，使公平理论能够系统化地运用于组织管理。

组织公平（Organizational Justice，OJ）是指下属对组织内部公平的感知。换句话说，组织公正是指在组织内下属对领导或组织是否公平对待他们的知觉。组织公平是下属的一种主观感受（Viswesvaran and Ones，2002）。根据以往研究发现，组织公平不仅是组织内部的客观状态，也是下属对组织环境的主观心理感知（Greenberg，1990）。Adams（1965）最先提出了公平的概念、原因和结果。他发现每个人对公平的理解是不同的，个体将自己的工作和所获得的收益与他人进行比较来做出判断。早期的学者主要关注分配公平（Adams，1965；Deutsch，1975；Higgins，1961；Blau，1964；Walster et al.，1973；Folger and Konovsky，1989）。早期的研究忽略了分配结果之前的程序，即决策结果的公平性并不涉及由谁来分配、如何分配以确保分配结果的公平等问题。必须确保分配程序的公平，才能实现分配的公平。Thibant 和 Walker 于 1975 年提出了程序公平理论，分析不同程序对最终结果的影响，指出控制分配过程与决策的概念，对于组织公平问题的研究也随之进入了新的阶段。程序公平强调分配的过程和程序是否公平，而分配公平则强调资源分配的结果是否公平。

Bies 和 Moag（1986）认为，组织公平不仅受分配结果和分配程序的影响，下属感知到的与领导的沟通也很重要。换句话说，他们认为分配过程中的一个关键现象是忽略了人们之间的沟通，由此按照分配程序、相互作用、分配结果的顺序提出了组织公平的三种结构性行为方式。此后，Greenberg（1993）提出组织公平四要素，将互动公平划分为人际公平和信息公平。人际公平反映了领导者在实施过程或决策过程中对待下属是否礼貌，而信息公平则反映了有关工作信息是否成功传达给下属。

二、组织公平的前因变量研究

考察以往的研究，总结发现组织公平受三方面的制约：个体、领导和组织。

在个体层面，个体感知的组织公平受性别影响，女性对周围的环境和人际关系感知更为敏锐，因而更易感受到不平等（Major and Adams，1983）。除性别外，个体地位对组织公平也有重要影响，职位越高，对组织公平的感知就越高（Jackson and Grabski，1988）。另外，Roberson（2006）指出，对下属一视同仁与程序公平密切相关，这是因为当下属对组织的信任度高时，对组织的依赖性也会增强，从而间接影响程序公平。Huseman 等（1987）界定了公平敏感性，认为人们对公平的偏好是稳定的，而且因人而异。

在领导层面，Roberson 和 Colquitt（2005）发现领导—成员交换关系显著影响组织公平，当下属与领导者保持良好关系时，下属能感受到更高的组织公平；而当下属与领导者关系不佳时，其公平感会明显降低。此外，有研究表明领导者的情绪智力对公平有积极的正向影响（吴维库等，2011）。

在组织层面，Naumann 和 Bennett（2000）研究证实团队凝聚力对程序公平性有影响，并指出团队内部的人际关系越好，凝聚力越高，下属感知的公平性水平就越高。

三、组织公平的结果变量研究

组织公平对企业的生存与发展具有重要作用，它可以通过影响员工的工作态度和工作行为，从而对企业的生存与发展产生积极影响。对以前的调查结果进行回顾发现，组织公平主要影响工作态度和工作行为两个方面，本研究将从这两个方面进行归纳整理。

在工作态度方面，Cropanzano 和 Byrne（2000）指出，当下属在组织内感受到不公平时，他们的工作态度水平会下降，甚至会产生离职意愿（Parker and Kohlmeyer，2005；Tayfur et al.，2013）。James 等（1984）发现下属的组织承诺水平受其工资和福利分配影响，当下属感到工资和福利分配不公平时，组织承诺水平下降。基于组织公平三维理论，Joy 和 Witt（1992）研究发现，组织公平正向影响下属的工作满意度。下属感知的程序公平与领导信任、评价、离职意向、工作满意度等因素有关（Alexander and Ruderman，1987）。McFarlin 和 Sweeney（1992）以银行职员为对象，研究发现程序公平显著影响组织承诺和领导评估，分配公平则显著影响工作满意度。此外，下属对加薪的反应也明显受组织公平影响（Folger and Konovsky，1989）。程序公平可以提高女性员工的组织承诺水平（Lingard and Lin，2004）。组织内的决策和执行过程是否公平会影响下属的组织承诺（Johnson et al.，2006）。分配公平和程序公平会影响下属的工作倦怠和离职意愿（Lambert et al.，2010）。

在工作行为方面，组织公平不仅能促进下属的协作行为（Aibinu et al.，2011），还会影响下属的组织公民行为（Organ，1990）和工作绩效（Smith and Rupp，2003）。对程序公平的感知可以提高下属的满意度，并影响其任务绩效、事件参与和决策遵守等行为（Lind and Tyler，1988）。在非个体监督与下属行为的关系中（Ogunfowora，2013）组织公平起部分中介作用，在非个体监督与组织公民行为的关系（Aryee et al.，2007）互动公平起中介作用。Pillai 等（1999）探讨了领导公平的影响，结果表明在变革型领导和组织公民行为的关系中程序公平发挥了调节效果。Greenberg（1993）指出在分配公平与下属偷窃行为之间程序公平起调节作用。

第七节　变量间关系的相关研究

一、内隐追随与员工创新行为

内隐追随是个体从童年开始发展的认知图式，并在随后的生活经历中不断得到验证、修改和强化（Junker and VanDick，2014）。换句话说，内隐追随是领导者对其下属持有的一种认知。根据知识激活理论，领导者与其下属的交流激发了其内隐追随，从而影响他们对待下属的态度与行为（Higgins，1996）。领导者对下属特征的假设会对其领导风格产生影响，从而导致他们采用更加严厉或宽松的管理方法（Mc Gregor，1966）。Carsten 等（2010）发现，领导者的内隐追随会影响下属的工作态度和行为。Kierein 和 Gold（2000）证实领导者对下属的期望越积极，他就越倾向于为下属创造更好的工作和学习氛围，以及为下属提供物质和精神支持。Sy（2010）通过实证研究指出，对下属抱有正面假设的领导者会有积极的角色期待，而领导者的角色期待与创新支持对员工创新行为的产生有重要影响（Scott and Bruce，1994）。当下属的角色期待较低时，他们倾向于完成任务，不会表现出思考新想法等探索性行为，而具有积极角色期待的下属除了完成任务外，更有可能表现出探索性行为，如寻找新方法或提出新创意（Derler and Weibler，2014）。当下属的角色外行为符合领导者对下属的期望时，"好下属""意中人"等正面观念就会被激发出来（Bargh et al.，1996）。这强化了皮格马利翁效应，使领导者对下属提供更多喜欢、信任和支持，领导者这样的态度和行为会对员工创新行为产生正向影响。

领导者内隐追随会显著影响下属对领导者的喜好与信任、领导—成员交换关系以及下属工作满意度（Sy，2010）。如果领导者内隐追随水平高，那么对下属的绩效期待、喜爱和领导—成员交换关系评价也会相应增加，领导者会为下属提供更多支持，为他们分配更具挑战性的任务，并提供更多学习机会（Whiteley et al.，2012；孔茗和钱小军，2015）。

学者们的实证研究也为解释内隐追随与创新行为之间的关系提供了证据。领导者对下属的喜欢和支持可以有效提高下属对其能力和创造力的信心，而创新自我效能感是影响员工创新行为的重要因素（Tierney and Farmer，2011）。领导者内隐追随显著影响员工创新行为（祝振兵等，2017a）。工弘钰和李云剑（2017）发现积极内隐追随通过变革责任感的中介作用影响员工创新行为。此外，付宁（2017）证实了内隐追随对员工创新绩效的积极影响。

二、领导—成员交换关系的中介作用

在领导—成员交换理论中，领导者在时间和精力有限的情况下，会与其下属建立起不同层次的交流关系，一些人能获得更多的信任和重视成为"圈内人"。"圈内人"能从领导者那里获得更多的自主权（Brower et al.，2000）、学习机会、信息和资源，而其他的下属则是"圈外人"，除了正常的工作待遇无法获得领导者额外的支持（Graen and Uhl-Bien，1995）。另外，计划行为学认为，个人的行为态度会影响到行为的取向，并对具体的行为产生影响（Azjen，1985）。所以，领导者的态度能够预测他们的行动。在一个组织中，如果领导者拥有积极期待的内隐追随，就会给予下属更多的信任与重视。当信任程度增加时，领导者可以将跟随在自己身边的下属看作"圈内人",进而激发更高层次的领导—成员交流(Whiteky et al.,2012)。Ilies 等(2007)从积极情绪视角出发,证实高水平领导—成员交换的下属出于补偿领导的心理,会表现出积极的行为,他们会随时抓住创新机会,促进创新的实施。领导者与下属互动过程中产生的积极影响会促进下属的积极情绪和态度(Engle and Lord,1997)。领导—成员交换水平高的下属会提高工作积极性(Klein and Kim,1998),对领导的认可也会加强下属的内在动机。

许多学者研究证明领导—成员交换关系可以极大地影响员工创新行为(Campbell,2000;Schermuly et al.,2013;Dulebohn et al.,2012)。另外,领导—成员交换关系与员工创新行为之间的影响机制可以最大限度地减少下属在实施创新行为时可能遇到的障碍(Schermuly et al.,2013)。Dulebohn 等(2012)指出,高质量的领导—成员交换关系说明领导者与下属的信任度较高,领导者会给予下属更多的资源与支援,并会将更多的时间与精力给予下属意见与反馈,而领导者对下属的信任,则更有可能促使下属产生创新行为。

Atwater 和 Carmeli(2009)认为,高水平的领导—成员交换关系可以激发下属积极的工作反应,提高下属的创新热忱。领导—成员交换关系与员工创新行为之间存在正相关关系(Van Dyne et al.,2002),领导—成员交换关系质量越高,下属参与创新行为越多(Volmer et al.,2012)。Graen 和 Scandura(1987)认为高品质的领导—成员交换关系可以帮助下属进行创新。Graen(1994)指出,领导—成员交换关系与员工创新行为具有内在互动性,高品质的领导—成员交换关系能够促进员工创新行为的产生。

Scott 和 Bruce(1995)从环境视角对领导者的行为进行了分析,结果表明,领导—成员交换与下属创造力有着紧密的联系。另外,通过对企业研发人员的调查,我们发现,领导对下属的创造力预期会加强下属对创新的关注,从而大大提高员工的创造力。

Seibert 等(2001)认为当领导—成员交换关系较高时,领导者和下属之间会互相支持与信任。从下属视角来看,保持与领导者之间的高层次的领导—成员交换可以帮助其获取有关工作的信息和资源，而下属拥有清晰的目标和足够的信息，能够激励其进行创新行为（Getzels and Csikszentmihalyi，1976）。如果领导给下属足够的资源，下属就会重视分配给他们的工作，领导—成员交换关系的质量越高，领导会给下属越多的决策权。工作中下属的重要性和决策权是促进创新行为的重要因素（Cotgrove and Box，1970；Pelz and Andrews，1966）。Lee（2008）考察了领导—成员交换关系的四个维度与创新的关系，发现只有忠诚度和员工创新行为存在相关关系，其他维度无法预测员工创新行为。

三、心理授权的中介作用

心理授权是指个人对工作意义、自我效能、自主性以及工作影响的认知（Thomas and Velthouse，1990）。在自我决定理论中，下属以其自身的知觉，也就是心理上的委任程度，来评价他们和领导者之间的交流（Deci and Ryan，1985）。心理授权对下属的积极内隐追随有一定的影响，而在不同的心理授权程度上，其对领导者的感觉也有差异。

心理授权作为个人的一种表达自我的观念，是人们了解自身与他人之间关系的一种重要资源，而领导者与下属间的交流关系质量越高，则下属的心理授权程度越高。研究结果表明，领导—成员交换关系对于食品业的下属的心理授权具有正向预测作用（Kim and George，2005）。在个体特征、工作特性与工作表现的关系中，心理授权发挥中介作用，领导—成员交换关系能够正向预测心理授权的子变量影响力和自主权（Liden et al.，2000）。Dienesch 和 Liden（1986）认为领导者对待每个下属各有不同，对待与他们拥有高交换水平的下属会更多地使用对话方式，对待与他们拥有低交换水平的下属更多采用命令方式。所以，与领导者拥有不同的交换关系水平，会导致下属有不同的心理授权。

拥有高水平心理授权的下属对他们的工作有更大的自主权和影响力，比其他员工受到更少限制，往往更积极主动，也更喜欢创新（Amabile，1988）。因此，可以通过提高下属内在动机，给予其自主权，增强其自我效能感，来激励员工积极、自主进行创新（Laschinger and Shamian，1994）。Thomas 和 Velthouse

（1990）、Spreitzer 等（1995）研究证实心理授权对员工创新行为有显著影响，下属心理授权水平越高，员工创新行为的水平越高。

Spreitzer 等（1999）考察了世界 500 强企业中层管理者心理授权与领导力的关系，结果证实心理授权水平较高的管理者比心理授权水平较低的管理者具有更高的创新能力。Singh 和 Sarkar（2012）发现，作为心理授权子变量的工作意义和自主性对印度 401 名女教师的创新行为有积极影响。

王冬冬和何洁（2016）以社会认知理论和比较理论为基础，以团队领导者及其匹配下属为研究对象，研究领导—成员交换关系差异、组织支持对心理授权与员工创新行为的影响，通过实证分析揭示领导—成员交换关系的差异对心理授权有显著的负面影响。王冬冬和何洁（2016）还发现心理授权不仅可以增强下属的创造力，而且在领导—成员交换关系差异和下属创造力之间起中介作用。

四、组织公平的调节作用

在特定情况下，领导者的行为受多种因素影响（Sims et al.，2009；Lee et al.，2017），因此现实中领导者相同的行为很难会导致相同的结果。换句话说，即使领导者做了同样的行为，不同的情境因素下，下属的感受不尽相同从而会产生不同的结果。组织公平是指下属对其是否在组织中得到公平对待的认识（Greenberg，1987）。基于社会学习理论（Bandura and Walters，1977），个体会受到环境、认知以及行为的影响，而团队成员对公平的感知会影响下属的感知和工作投入程度，组织公平对下属的行为和动机有很大影响。Shaley 等（2004）指出个体行为改变发生的原因之一就是环境的变化，个体人格与其行为之间的关系受环境因素调节。个体感知的组织公平因人而异，即使在同一组织环境中，每个人的感受也不尽相同，因为个体感知的组织公平水平不同，导致下属的行为产生差异。下属的行为既要满足其首要需求，又要适应环境要求，根据环境调整个体的行为（王登峰和崔红，2006）。

在领导者消极行为对下属行为的影响过程中，互动公平发挥显著的中介作用

（Wang and Jiang，2015），在此影响关系中，下属对组织的归因和认可水平会影响互动公平。此外，Wang 等（2012）对 283 名领导及其下属进行了调查，证实领导者消极行为对下属感知到的互动公平有显著的预测作用，继而影响到下属的工作场所越轨行为。如果下属感知到较高的组织公平，不仅会更信任组织，而且会更加感受到组织公平而不是领导者的非理性，领导者的负面影响可以在一定程度上得到缓解（Gao and He，2017）。

在领导—成员交换关系的研究中，公平理论经常被引入和检验领导—成员交换和其影响结果的产生机理。与其领导者处于低水平领导—成员交换关系的下属更容易感到不公平，这反过来又会阻碍团队合作（Bolino and Turnley，2009）。Lee（2001）发现，领导—成员交换关系水平高的下属和领导者相互给予更多的信任，拥有更高的公平感，因此组织公平对领导—成员交换关系有积极影响。在组织公平的四个子变量中，将互动公平划分为人际公平与信息公平。人际公平是指组织和领导者在组织决策过程中对待下属的态度是否尊重。信息公平是指下属能否得到准确的工作信息。相对于程序公平和分配公平而言，人际公平、信息公平和领导—成员交换的关系更紧密（Burton et al.，2008）。Roch 和 Shanock（2006）研究发现人际公平与领导—成员交换关系呈正相关。通过回顾以往的研究，可以看出个人感知公平的每个维度都会影响领导—成员交换关系。

回顾组织公平和心理授权的相关研究发现，对其直接因果关系的研究并不多。对组织公平的感知使下属期望个人的努力会带来与这种努力相对应的公平回报，这将进一步促使下属自愿展示其能力和自主性。姜代石和车东旭（2004）以护士为研究对象，研究了组织公平、领导—成员交换关系质量和心理授权之间的关系。根据他们的研究，互动公平与心理授权之间存在显著的正向关系。Thomas 和 Velthouse（1990）认为，对心理授权的认知很大程度上受组织环境的影响，组织越公平，心理授权的水平就越高。Spreitzer（1995）的研究考察了组织环境特征与心理授权各子变量之间的关系，指出信息获取、组织支持、组织公平、参与氛围与心理授权呈现正相关关系。Conger 和 Kanungo（1988）发现不公平的奖励制度会降低心理授权。

权变理论认为特定领导者的行为在特定状况下可能是最好的，这有助于识别许多情境因素（Sims et al.，2009；Northouse，2018）。本书从情境状况角度，关注下属感知的组织公平这一情境因素。

第三章　领导者内隐追随的
影响机制构建研究

第一节　研究模型及假设

一、研究模型

本书通过以下推导过程建立模型：

第一，研究中的自变量为领导者积极内隐追随。内隐追随是领导者对于下属行为与特征的正面假设（Sy, 2010），会影响领导者对待下属的态度和行为（Epitropaki et al. , 2013），以及下属的工作绩效（Whiteley et al. , 2012；Epitropaki et al. , 2013；孔茗和钱小军，2015）和组织公民行为（Duong, 2011；Junke and Van Dick, 2014）。在本书中，内隐追随作为从下属角度理解领导过程的重要变量进行研究。

第二，在竞争激烈的全球市场中，创新足以决定一个公司的生死存亡，而员工创新行为可以说是组织创新的基础（Woodman, 1993；Shalley et al. , 2004），员工创新行为无论是对个人还是组织都是重要的资本（Kanter, 1983；West and Farr, 1990）。Shaley 等（2004）、Zhang 和 Bartol（2010）指出，领导者的一个关键作用就是推动员工创新行为，从而取得持久的竞争优势，进而使企业取得成功。研究企业内部员工创新行为的影响因素，探讨其作用机理，具有重要的现实意义。本书设因变量为员工创新行为。

第三，在领导者内隐追随和员工创新行为的关系中变革责任感起部分中介作用，这说明内隐追随对员工创新行为的影响过程中存在其他影响机制（王弘钰和李云剑，2017）。许多学者指出，领导者内隐追随影响领导—成员交换关系水平，而领导—成员交换关系能够明显影响员工创新行为（Campbell，2000；Schermuly et al.，2013；Whiteley et al.，2012；孔茗和钱小军，2015）。因此，本书把领导—成员交换关系设为中介变量，考察其在领导者内隐追随与员工创新行为关系之间的中介作用。

第四，心理授权理论指出个体对任务的不同感知会影响其行为（Spreitzer，1995）。根据自我决定理论（Deci and Ryan，1985），心理授权可以影响下属对领导者内隐追随的解释。当下属感受到心理授权时，他们可以对组织采取更积极的态度，从而创造更高的绩效（Liden et al.，2000）。Spreitzer（1995）将心理授权界定为个体内在动机，而内在动机是影响员工创新行为的关键因素（Amabile，1997）。因此，本书把心理授权设为中介变量，考察其在领导者内隐追随与员工创新行为关系之间的中介作用。通过文献研究发现，领导—成员交换关系显著影响心理授权（Dienesch and Liden，1986；Liden et al.，2000；Kim and George，2005），进而通过心理授权的中介作用影响员工创新行为（赵兴华，2013；Ma and Chang，2019）。本书将考察领导—成员交换关系和心理授权在内隐追随与员工创新行为之间的链式中介作用。

第五，由于领导者的行为在特定情况下受到多种因素的影响（Sims et al.，2009；Lee et al.，2017），因此同一领导者的行为很难导致同样的结果。权变理论认为特定领导者在特定情况下的行为可能是最好的。该理论长期以来一直受到许多研究人员的关注，并有助于确定许多情境因素（Sims et al.，2009；Northouse，2018）。本书从权变理论视角出发，旨在关注组织公平作为情境因素在内隐追随与员工创新行为影响机制中的作用。

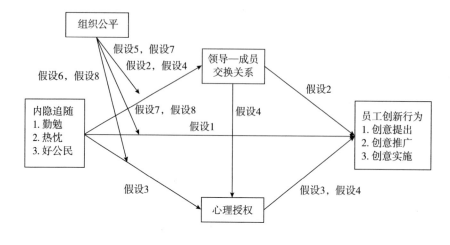

图 3-1 理论模型

基于以上理论分析，构建了如图 3-1 所示的理论模型。假设 1~假设 8 的具体含义将在下文分别阐述。

二、研究假设

本书中的研究基于前人研究建立的研究假设，推导过程总结如下：

1. 内隐追随与员工创新行为的关系

Sy（2010）将积极的内隐追随定义为对下属积极特征或行为的期望或假设。可以说积极内隐追随本质上是对下属的积极期望（Whiteley et al.，2012）。迄今为止，大部分学者沿用的积极内隐追随的子变量是 Sy（2010）的三维分类方法，即"勤勉""热忱"和"好公民"。具体来说，在工作能力方面，下属吃苦耐劳，为人诚恳，能力出众；在情感方面，下属工作充满热忱、积极有趣；在人际关系方面，下属之间相处愉快，有良好的团队合作和信任感（Sy，2010；彭坚等，2016）。在本书中，上述三维分类方法被描述为"能力""情感"和"人际关系"。在"能力"方面，个人可以增强相关领域的能力，以实现高绩效预期目标。Amabile（2012）的研究认为，个体在相关领域的能力越强，越可以引发其创新思维，促成其创新行动。在"情感"方面，领导者对下属的积极情感期望激励他们在组织内有积极的表现（Kruse and Sy，2011），或者提高自我效能感（王弘钰和王辉，2015）。所以，当个体因面临新挑战而导致的压力时，这种积极和正面的情绪有助于下属进行积极的思考（Frijda，1986），这些对创新行为有促进作用。就"人际关系"而言，对下属"人际关系"的积极期待，可以使其在组织内更加审慎地管理自己的人际关系，降低矛盾，改善关系的品质。良好的人际交往不仅能够培养下属良好的心理气氛（Scott and Bruce，1994），还可以帮助个体和团体分享信息，加快个体的知识系统（Hakanen et al.，2008），从而推动创造性的行为和学习能力的提升（Andrews and Delahaye，2000）。

中国学者王弘钰和李云剑（2017）、祝振兵等（2017a）、Wang（2019）验证了内隐追随与员工创新行为之间的影响关系。基于此，本书提出如下假设：

假设1：内隐追随会显著影响员工创新行为。

假设1-1：内隐追随（勤勉、热忱、好公民）会显著影响创意提出。

假设1-2：内隐追随（勤勉、热忱、好公民）会显著影响创意推广。

假设1-3：内隐追随（勤勉、热忱、好公民）会显著影响创意实施。

2. 领导—成员交换关系的中介作用

社会交换理论为我们理解下属和领导之间的关系提供依据，解释了领导—成员交换关系对下属态度和行为的影响，在时间和精力有限的情况下，领导者可以在工作中与每个下属进行不同级别的交流。一些下属获得领导者的信任成为"圈内人"，而其他下属会变成"圈外人"（Graen and Uhl-Bien，1995）。如果一个领导者在组织中对他的下属有正面的假定，那么他就会给予下属更多信任、支持和喜爱（Sy，2010）。信任程度越高，领导者越会把那些与自己期待特征一致的下属视作"圈内人"，则其下属的领导—成员交换关系质量就越高（Duong，2011；Whiteley et al.，2012）。领导者与其下属建立高质量的交换关系，下属更容易接受领导者的要求，同时，领导者认可下属的角色外行为，领导者和下属发展成更紧密的关系，相互间更加信任，继而双方交流更多信息，尽可能提供各种支持并帮助对方在组织中成长。此外，如果每个下属都表现出对工作和他人利益的持续兴趣，领导者会与每个下属都发展成为一种以相互信任、尊重和实现共同目标为特征的伙伴关系（Graen and Uhl-Bien，1995）。领导者可以为"圈内人"提供更多的信息和资源（Scandura and Schriesheim，1994）。下属成为"圈内人"会对其创新行为产生积极影响（Scott and Bruce，1994；Basu and Green，1997；Tierney and Graen，1999）。Graen 和 Scandura（1987）指出当领导者与下属构建高水平的领导—成员交换关系时，他们可以执行非结构化的任务，并为员工创新行为提供慷慨的支持。Atwater 和 Carmeli（2009）认为，高水平的领导—成员交换关系可以激发下属积极的工作反应，提高下属的创新热忱。Van Dyne 等（2002）发现领导—成员交换关系与员工创新之间存在正相关关系。Volmer 等（2012）通过对 144 家高科技公司的实地调查证实，高质量的领导—成员交换关系会促使下属更多地参与到创新活动中。高质量的领导—成员交换关系可以帮助下属进行革新（Graen and Scandura，1987）。Graen（1994）提出，领导—成员交换关系和下属的创新行为具有本质上的一致性，高质量的领导—成员交换关系能够促进员工创新行为的产生。

另外，Howell 和 Hall-Merenda（1999）指出领导—成员交换关系在变革型领导和员工绩效中起中介作用。根据崔书铉（2010）的研究，高水平的领导—成员交换关系能显著影响组织承诺、创新行为和组织公民行为。基于此，本书提出以下假设：

假设 2：领导—成员交换关系在内隐追随和员工创新行为之间的关系中发挥中介作用。

假设 2-1：领导—成员交换关系在内隐追随（勤勉、热忱、好公民）和创意提出之间的关系中发挥中介作用。

假设 2-2：领导—成员交换关系在内隐追随（勤勉、热忱、好公民）和创意推广之间的关系中发挥中介作用。

假设 2-3：领导—成员交换关系在内隐追随（勤勉、热忱、好公民）和创意实施之间的关系中发挥中介作用。

3. 心理授权的中介作用

随着全球竞争和组织变革的加速，企业对下属创造力的需求不断提高，这也引起了学界对心理授权的兴趣。心理授权是个体对工作意义、自我效能感、自主权和工作影响的感知（Thomas and Velthouse，1990）。根据心理授权理论（Spreitzer，1995），下属对工作的认知差异会影响其行为。Junker 和 Van Dick（2014）认为，对下属特征和行为持积极观点的领导者会用更积极的态度和行为对待下属，并对下属给予更多的信任、好感和授权（彭坚和王霄，2015；杨红玲和彭坚，2015）。具体来说，这些期待可以诱发下属的积极行动（Carsten and Uhl-Bien，2013）。根据自我决定理论（Deci and Ryan，1985），心理授权可以影响下属对领导者内隐追随的看法，下属对领导的感情随着心理授权水平不同而发生变化。如果下属感知到被授权，那么他们会有更积极的工作态度，从而能够提高工作绩效（Liden et al.，2000）。Epitropaki 和 Martin（2004）认为当个体有自主权和信心时，就能够决定自身行动的过程和结果。当领导者积极内隐追随被确立并被激活后，领导者就会引发各种不同的相关概念，从而推动诸如设立更高目标或提供更多指导等关联行为的产生。

心理授权是可以增加下属内在动机并使其获得控制生活能力的过程（Spreitzer，1995）。Amabile（1988）认为，具有高水平心理授权的下属对他们的工作有更大的自主权和影响力，比其他员工感觉受到更少限制，并且往往更积极主动，更喜欢创新。Laschinger 和 Shamian（1994）认为，心理授权能够激发员工的创造性行为，增强其内部动机和自主性。心理授权程度与创新行为有显著的正向关系，其授权程度越高，创造力越强（Thomas and Velthouse，1990）。

Liden 等（2000）调查了337名下属及其领导的心理授权和工作特征、领导—成员交换关系和工作绩效之间的关系，发现心理授权的子变量工作意义和自我效能感在工作特征和工作满意度之间起中介作用。心理授权在上级支持和员工创新行为（刘云和石金涛，2010）、领导—成员交换关系和组织承诺（Srivastava and Dhar，2016）、领导—成员交换关系和工作满意度以及工作绩效（Aryee and Chen，2006）之中起完全中介作用。基于此，本书提出以下假设：

假设3：心理授权在领导者内隐追随和员工创新行为之间的关系中发挥显著的中介作用。

假设 3-1：心理授权在内隐追随（勤勉、热忱、好公民）与创意提出的关系中发挥显著的中介作用。

假设 3-2：心理授权在内隐追随（勤勉、热忱、好公民）与创意推广的关系中发挥显著的中介作用。

假设 3-3：心理授权在内隐追随（勤勉、热忱、好公民）与创意实施的关系中发挥显著的中介作用。

4. 领导—成员交换关系与心理授权的链式中介作用

当领导与下属之间的交换关系质量高时，下属会认为自己有更高的自主权（Liden and Graen，1980）。领导者与下属的交换关系对下属的心理授权水平有正向影响。事实上，当领导—成员交换关系水平较高时，下属会成为领导者关注的对象，并从中获得积极影响（Dansereau et al.，1995）。其中下属被赋予一定的协商权，下属有权对与其工作相关的事情或对具体事件做出决定（Dansereau et al.，1975）。但是，如果领导—成员交换关系水平较低，下属只履行常规和正式的任务，很难与领导者产生非正式的亲密关系，所以下属的心理授权水平较低。纵观以往的研究，在领导者与下属的交换关系中，他们双方的角色是根据其交换关系的范围和程度来定义的。Liden 和 Graen（1980）证明领导—成员交换关系水平越高，心理授权水平也越高。Keller 和 Dansereau（1995）指出，领导—成员交换关系决定了领导者向下属提供支持的程度，这是授权的先决条件。领导—成员交换关系对心理授权有显著影响（Liden et al.，2000）。基于此，本书提出如下假设：

假设 4：领导者内隐追随通过领导—成员交换关系和心理授权的链式中介作用影响员工创新行为。

假设 4-1：内隐追随（勤勉、热忱、好公民）通过领导—成员交换关系和心理授权的链式中介作用影响创意提出。

假设 4-2：内隐追随（勤勉、热忱、好公民）通过领导—成员交换关系和心理授权的链式中介作用影响创意推广。

假设 4-3：内隐追随（勤勉、热忱、好公民）通过领导—成员交换关系和心理授权的链式中介作用影响创意实施。

5. 组织公平在内隐追随和领导—成员交换关系中的调节作用

组织公平是指下属对其在组织中是否得到公平对待的看法，而不是他们实际上是否得到了公平对待（Greenberg，1987）。根据社会学习理论，环境、知觉和行为在与个体交互作用时会影响个体，而下属则因其对组织公正程度的认知而表现出不同的行为。同时，下属的行为不仅要符合自己的第一需要，还要能适应环境的需要，并能适应环境的改变（王登峰和崔红，2006）。Shaley 等（2004）提出，环境的改变是个人行为改变的主要因素，而环境则是影响个性与行为的因素。此外，李炳观（2004）认为，体育中心员工非常重视在组织内部创造某种结果的过程，当这个过程被认为是公平的时候，就会发生角色外行为，如组织公民行为。组织公平对组织公民行为的各个自变量有显著影响。组织公平的子变量程序公平会显著影响上级评价、工作满意度、工作承诺和领导者信任（Singer，1992）。领导者的内隐追随受家庭成长环境、内外部环境和文化的影响，与情境因素密切相关（Carsten et al.，2010；Junker and Van Dick，2014）。根据孔茗（2016）的研究，在内隐追随对下属行为的影响机制中，组织层次必须要注意作为环境因素的组织公平的调节作用。

在领导—成员交换关系的相关研究中，常常会引入公平理论，对领导—成员交换关系及其影响因素的产生机理进行分析。具有低水平领导—成员交换关系的下属更容易感到不公平，这反过来又会干扰团队合作（Bolino and Turnley，2009）。Lee（2001）发现，相对于低质量的领导—成员交换关系下属，拥有高质量领导—成员交换关系的下属及其领导者给予彼此更多信任并感知更高的公平性，组织公平显著影响领导—成员交换关系。在组织公平的四个子变量中，将互动公平划分为人际公平与信息公平。人际公平是组织和领导者在组织决策过程中对待下属的态度是否尊重。信息公平则反映了有关工作信息是否正确传达给下属。与程序公平和分配公平相比，人际公平和信息公平与领导—成员交换关系的关系更密切（Burton et al.，2008）。Roch 和 Shanock（2006）研究发现人际公平与领导—成员交换关系呈正相关。通过回顾以往的研究可以看出，组织公平的每个子变量都会影响领导—成员交换关系。

程序公平在分配公平和下属负面行为之间起调节作用（Greenberg，1993b），在变革领导力和组织公民行为间起调节作用（Pillai et al.，1999）。基于此，本书提出以下假设：

假设5：组织公平在内隐追随和领导—成员交换关系之间发挥显著的调节作用。

假设5-1：组织公平在勤勉和领导—成员交换关系之间发挥显著的调节作用。

假设5-2：组织公平在热忱和领导—成员交换关系之间发挥显著的调节作用。

假设5-3：组织公平在好公民和领导—成员交换关系之间发挥显著的调节作用。

6. 组织公平在内隐追随和心理授权关系中的调节作用

大多数关于心理授权的理论研究都考虑了环境的影响。组织环境因素有组织文化、组织支持以及组织公平等。组织公平是衡量组织环境对心理授权是否有利的方法。组织公平对下属心理授权形成有利的组织环境，为下属提供了无限机会。Thomas 和 Velthouse（1990）指出，人体感受到的心理授权主要受组织环境因素影响，当组织内部公平时，下属会有较高的心理授权水平。组织公平和心理授权呈现显著的正相关（Spreitizer，1995）。心理授权是一种内在动机，从心理学的角度关注个体的看法或态度。组织公平会影响心理授权（谢礼珊和张燕，2005）。

回顾组织公平和心理授权的相关研究发现，对其直接因果关系的研究并不多。对组织公平的感知使下属期望个人的努力会带来与这种努力相对应的公平回报，这将进一步促使下属自愿展示其能力和自主决策。下属的心理授权感知受到组织环境影响，越是公平的组织，下属越具有高水平的心理授权（Thomas and Velthouse，1990）。发现不公平的奖励制度会降低心理授权（Conger and

Kanungo，1988）。

下属的心理授权水平受个体层面和环境层面的影响，个体层面主要指受领导者的影响，组织环境层面是指组织如何对待下属。下属行为更多地受到个体层面与组织环境之间相互作用的影响。本书预测与组织层面的相互作用将对下属的心理授权产生很大影响。如果下属在组织中得不到公平对待，下属会感到心理不公平，不会表现出心理授权行为。基于此，本书提出以下假设：

假设6：组织公平在内隐追随和心理授权之间发挥调节作用。

假设6-1：组织公平在勤勉和心理授权之间发挥调节作用。

假设6-2：组织公平在热忱和心理授权之间发挥调节作用。

假设6-3：组织公平在好公民和心理授权之间发挥调节作用。

7. 组织公平在内隐追随与员工创新行为关系中的调节作用

组织公平作为促进员工创新行为的激励措施被学者们广泛关注。根据公平理论，当个体在组织内感到不公平时，他们可能调整个人对工作的热忱程度（James，1993），有研究结果表明组织公平与个人工作绩效具有显著相关性（陈聪，2015），如果个体感觉组织内部的公平程度高，就会为建设更好的组织而努力，这是个体创新行为的前提之一。根据社会交换理论，如果公司公平对待下属，下属出于补偿心理就会增加对公司的归属感，更加努力地为公司做贡献。在这样的环境中，个体需要得到满足，就会更加乐意工作。个体感知到的组织公平对其工作意愿和行为取向有一定的影响（严丹和张立军，2010）。

组织公平能够正向预测组织内下属的利他行为（Donavan and Hocutt，2002），有助于下属解决组织面临的问题（Cobb et al.，1995）。组织公平可以激发员工的工作热忱，鼓励其更加专注于自己的工作，这有助于员工产出创造性的产品（James，1993）。Janssen（2000）认为，当组织的工作强度适中时，个体对组织公平的感知度高，创新绩效也更高。组织公平会影响下属的创造力（关莹，2008），促进组织内员工创新行为（Simmons，

2008）。

根据以往的研究结果，本书提出一个有调节的中介模型。领导者内隐追随对员工创新行为的影响过程中，领导—成员交换关系和心理授权发挥中介作用，其中介效应受到组织公平的影响。在组织公平水平较高时，由于领导者内隐追随对领导—成员交换关系和心理授权的影响比较大，领导—成员交换关系和心理授权会进一步加强领导者内隐追随对员工创新行为的影响。反之，当组织公平水平较低时，会削弱领导者内隐追随对员工创新行为的影响。基于此，本书提出以下假设：

假设 7：领导者内隐追随和领导—成员交换关系之间的关系受组织公平的调节，这会进一步影响员工创新行为。

假设 7-1：内隐追随（勤勉、热忱、好公民）和领导—成员交换关系之间的关系受组织公平的调节，这会进一步影响创意提出。

假设 7-2：内隐追随（勤勉、热忱、好公民）和领导—成员交换关系之间的关系受组织公平的调节，这会进一步影响创意推广。

假设 7-3：内隐追随（勤勉、热忱、好公民）和领导—成员交换关系之间的关系受组织公平的调节，这会进一步影响创意实施。

假设 8：内隐追随和心理授权之间的关系受组织公平的调节，这会进一步影响员工创新行为。

假设 8-1：内隐追随（勤勉、热忱、好公民）和心理授权之间的关系受组织公平的调节，这会进一步影响创意提出。

假设 8-2：内隐追随（勤勉、热忱、好公民）和心理授权之间的关系受组织公平的调节，这会进一步影响创意推广。

假设 8-3：内隐追随（勤勉、热忱、好公民）和心理授权之间的关系受组织公平的调节，这会进一步影响创意实施。

第二节 变量设计与分析方法

一、变量的操作性定义和测量工具

1. 领导者内隐追随

内隐追随是指通过社会化过程存储在领导者头脑中对追随者的期望和假设（Sy，2010）。它的核心是"原型"，即领导者心中对"下属是什么样的人"和"下属应该是什么样子"的具体认知（Barsalou，1985）。Carsten（2013）从下属的角度研究了对下属的认知。从积极的角度来看，"有效"的下属是领导者的伙伴和负责任的目标实现者。从消极的角度来看，"有效"的下属是指其顺从和传达。Sy（2010）分别从领导者和下属的视角拓展了内隐追随的概念，指出内隐追随是领导者心目中对于下属特性和行为的认知图示，包含"原型"和"反原型"两种形式，"原型"是指领导者对下属的积极认知，"反原型"是指领导者对下属的消极认知。本书中使用 Sy（2010）开发的领导者积极内隐追随的 9 个问项进行实证分析。内隐追随由领导者作答，并使用从"完全不同意"1 分到"非常同意"5 分的李克特 5 分量表进行测量。测量工具如表 3-1 所示。

表 3-1 内隐追随的测量工具

变量		问项
内隐追随	勤勉	IFTs1：工作努力
		IFTs2：高标准要求自己
		IFTs3：工作高效
	热忱	IFTs4：充满热忱与活力
		IFTs5：对人友好
		IFTs6：积极乐观、正能量

续表

变量		问项
内隐追随	好公民	IFTs7：忠心耿耿
		IFTs8：值得信赖
		IFTs9：具有团队精神

2. 员工创新行为

员工创新行为被定义为下属在工作过程中开发新想法、生产要素或创造性地解决问题的能力（Janssen，2000）。Janssen（2000）开发了测量员工创新行为的工具，该测量工具包含三个维度：创意提出、创意推广和创意实施。本书的研究使用 Janssen（2000）开发的 9 题项测量工具，参考刘智强等（2015）翻译的中文译本，该工具被学者广泛使用。员工创新行为由下属进行自我评价，采用从"完全不同意"1 分到"非常同意"5 分的李克特 5 分量表进行测量。测量工具如表 3-2 所示。

表 3-2　员工创新行为的测量工具

变量		题项
员工创新行为	创意提出	IB1：我经常在工作环境中引入新想法
		IB2：我经常为改善工作绩效提出新点子
		IB3：我经常主动搜寻新的工作方法、技术或工具
	创意推广	IB4：我经常向他人推广新点子并寻求支持
		IB5：我总是想方设法使组织成员提供新点子
		IB6：我常常动员他人支持创新
	创意实施	IB7：我经常将新点子转化为有用的实践
		IB8：我能够针对问题提出有创意的解决办法
		IB9：我经常跟踪评价新点子的应用效果

3. 领导—成员交换关系

领导—成员交换理论认为，领导者与下属交互的关键在于领导者，而领导者与其下属的关系是通过互相交换形成的（Gerstner and Day，1997）。领导—成员交换关系是指领导者和其下属间相互交换关系的品质（Dienesch and Liden，1986；Graen and Scandura，1987）。研究中使用 Graen 和 Uhl-Bien（1995）研制的量表衡量领导—成员交换关系质量，该量表共 7 个项目，在中国，学者们广泛使用该量表，经过验证具有较高的信效度。本研究中领导—成员交换关系由下属自评，使用从"完全不同意"1 分到"非常同意"5 分的李克特 5 分量表进行测量。测量题项如表 3-3 所示。

表 3-3　领导—成员交换关系的测量工具

变量	题项
领导—成员交换关系	LMX1：我和我的领导关系融洽，能在一起卓有效率地工作
	LMX2：我十分了解领导对于我完成工作是否满意
	LMX3：我的领导对我的个人需求及困难很清楚
	LMX4：我的领导知道我的潜力
	LMX5：在我遇到工作难题时，领导愿意使用自己的权力帮助我
	LMX6：我充分信任我的领导，愿意解释和维护领导的决策
	LMX7：我的领导愿意牺牲个人利益成就我

4. 心理授权

心理授权是指个体作为组织成员，在生活和工作的重要决策过程中知觉自己拥有权利的整体心理认知过程（Conger and Kanungo，1988；Thomas and Velthouse，1990；Randolph，1995；Spreitzer，1996）。由 Spreitzer（1995）开发，李超平等（2006）修订的 12 题项量表在国内学术界被广泛使用。本研究采用 Spreitzer（1995）开发的 12 题项量表，由下属进行自我评估，使用从"完全不同意"1 分到"非常同意"5 分的李克特 5 分量表进行测量。测量题项如表 3-4 所示。

表 3-4　心理授权的测量工具

变量	题项
心理授权	PE1：我所做的工作对我来说非常有意义
	PE2：工作上所做的事对我个人来说非常有意义

续表

变量	题项
心理授权	PE3：我的工作对我来说非常重要
	PE4：我自己可以决定如何来着手做我的工作
	PE5：在如何完成工作上，我有很大的独立性和自主权
	PE6：在决定如何完成我的工作上，我有很大的自主权
	PE7：我掌握了完成工作所需要的各项技能
	PE8：我自信自己有干好工作上各项事情的能力
	PE9：我对自己完成工作的能力非常有信心
	PE10：我对发生在本部门的事情影响很大
	PE11：我对发生在本部门的事情起着很大的控制作用
	PE12：我对发生在本部门的事情有重大的影响

5. 组织公平

组织公平是指在组织中下属对自己所受待遇是否公平的感知程度（James，1993）。本研究中对组织公平的测量使用 Colquitt（2001）开发的 19 题项量表。该问卷由下属自我评估，使用从"完全不同意" 1 分到"非常同意" 5 分的李克特 5 分量表进行测量。测量题项如表 3-5 所示。

表 3-5　组织公平的测量工具

变量	题项
组织公平	OJ1：本组织中，我得到的奖励能够反映出我对工作的投入程度
	OJ2：本组织中，我得到的奖励与我的工作成果是相匹配的
	OJ3：本组织中，我得到的奖励能够反映出我对组织的贡献
	OJ4：本组织中，我得到的奖励相对于我的工作成果是公平的
	OJ5：与本组织相同岗位（职责）的其他同事比较，我得到的奖励是公平的
	OJ6：我可以在制定奖励政策的过程中发表我的见解和观点
	OJ7：本组织根据相关的规章制度来制定奖励的发放政策
	OJ8：本组织在制定奖励政策的过程中，能够一视同仁
	OJ9：本组织根据准确的信息来制定奖励规则
	OJ10：我能够就已经完成的奖励政策提出自己的质疑和意见

续表

变量	题项
组织公平	OJ11：关于奖励政策，我的上级能够与我坦诚地沟通
	OJ12：关于奖励政策，我的上级能够完备地解释
	OJ13：关于奖励政策，我的上级的解释是合情合理的
	OJ14：对于奖励政策，我的上级能够解答个别员工的疑惑
	OJ15：我的上级关注我对奖励政策的看法，并且能够及时交流
	OJ16：我的上级对我很礼貌
	OJ17：我的上级顾及我的自尊
	OJ18：我的上级尊重我的感受
	OJ19：我的上级能够恰当地评价我

6. 控制变量

本研究中把领导者及其直属下属的人口统计学变量设为控制变量。这些变量共包括 8 个题项：领导性别、领导年龄、领导教育背景、下属性别、下属年龄、下属教育背景、工资、领导和下属的共事时间。本研究为了提高分析结果的准确性，对这些变量进行了控制。此外，本研究验证了领导者的特征对其内隐追随的差异。

二、分析方法

本研究采用 SPSS 24.0 与 AMOS 24.0 对调查数据进行分析。SPSS 24.0 主要用作检验样本特征的频率分析、信度分析、探索性因子分析、各变量之间的相关分析，以及用来比较均值的 t 检验和 ANOVA 分析。AMOS 24.0 构建结构方程模型检验验证性因子分析、聚敛效度和区分效度，以及分析模型的路径系数。使用层次回归法验证组织公平的调节效应，使用自助法（Bootstraping）验证有调节的中介效应。

第三节　调查设计

一、研究对象

本研究的调查对象是山东、北京、河北、上海、山西、浙江等地50家大中型企业的500名领导及其配对下属。在发放问卷前，通过电话或网络联系了50名目标公司的经理或经理级主管。这些领导者在组织内寻找可以参与本次研究的领导者及其配对下属，领导者与下属的比例为1∶1，在规定时间内发放和收集问卷。2020年3月向领导者发放内隐追随问卷，2020年6月向下属发放领导—成员交换关系、心理授权、组织公平和员工创新行为问卷。间隔3个月分别向领导者及其下属发放和收集问卷，能最大程度减少共同方法偏差的影响（Podsakoff et al.，2003）。另外，本研究使用匿名调查方式，能有效防止由于测量方法的偏差而导致的结果偏差。

二、小样本调查及问卷构成

为了保证测量工具的准确性和一致性，节省时间和金钱，在进行大规模调查之前，先进行了小样本调查，以测试测量工具的信效度。2019年9月随机调查了80位领导者，间隔3个月后调查其配对下属，共回收领导者与下属匹配数据77条。排除3份不完整的问卷数据，74份用于小样本分析。通过信效度分析，剔除不适合心理授权变量的2个题项，剔除不适合组织公平变量的3个题项。问卷最终构成见表3-6。

三、资料收集及样本特征

该调查是通过在问卷星上分发和收集问卷的方式进行的。向目标企业领导者和下属各发放问卷 500 份，收回领导者问卷 468 份，下属问卷 476 份。去除无效应答问卷，剩余 458 份。458 名领导者及其配对下属的特征如表 3-7 所示。

表 3-6　问卷构成

变量		开发者	问卷题项	问卷数
内隐追随	勤勉	Sy（2010）	IFTs1，IFTs2，IFTs3	3
	热忱		IFTs4，IFTs5，IFTs6	3
	好公民		IFTs7，IFTs8，IFTs9	3
员工创新行为	创意提出	Janssen（2000）	IB1，IB2，IB3	3
	创意推广		IB4，IB5，IB6	3
	创意实施		IB7，IB8，IB9	3
领导—成员交换关系		Graen 和 Uhl（1995）	LMX1，LMX2，LMX3，LMX4，LMX5，LMX6，LMX7	7
心理授权		Spreitzer（1995）	PE2，PE3，PE4，PE5，PE6，PE7，PE9，PE10，PE11，PE12	10
组织公平		Colquitt（2001）	OJ1，OJ2，OJ3，OJ4，OJ6，OJ7，OJ8，OJ10，OJ11，OJ12，OJ13，OJ14，OJ15，OJ16，OJ17	15

表 3-7　样本的人口统计学特性

调查对象	特性		人数（%）	特性	人数（%）
领导者	性别	男	316（69.0）	年龄	20~30 岁	40（8.7）
					31~40 岁	131（28.6）
		女	142（31.0）		41~50 岁	194（42.4）
					50 岁以上	93（20.3）
	最终学历	高中及以下	39（8.5）	与下属共事时长	6 个月~1 年	123（26.9）
		大专	61（13.3）		1~3 年	171（37.3）
		本科	260（56.8）		3~6 年	88（19.2）
		硕士及以上	98（21.4）		6 年及以上	76（16.6）
下属	性别	男	268（58.5）	年龄	20~30 岁	187（40.8）
					31~40 岁	168（36.7）
		女	190（41.5）		41~50 岁	60（13.1）
					50 岁以上	43（9.4）
	最终学历	高中及以下	55（12.0）	月薪	2000 元以下	27（5.9）
		大专	103（22.5）		2000~5000 元	91（19.9）
		本科	260（56.8）		5000~10000 元	243（53.1）
		硕士及以上	40（8.7）		10000 元及以上	97（21.2）

本研究分别以领导者及其配对下属为对象进行了调查，对调查对象特征的频率分析结果见表3-7。领导者中男性的比例为69.0%，远高于女性（31.0%）。从年龄来看，41~50岁的领导者占比最高（42.4%），其次是31~40岁（28.6%）、50岁以上（20.3%）和20~30岁（8.7%）。从学历来看，拥有本科学历的领导者最多，占56.8%，接下来是硕士及以上学历（21.4%）、大专学历（13.3%）、高中及以下学历（8.5%）。参与本次调查的领导者及其与下属共事时长占比最多的为1~3年（37.3%），接下来分别为6个月~1年（26.9%）、3~6年（19.2%）、6年及以上（16.6%）。

在下属受访者中，男性占比更大（58.5%）。从年龄来看，20~30岁（40.8%）和31~40岁（36.7%）的占比最高，达到77.5%；从学历来看，本科学历占比最高（56.8%），其次是大专学历（22.5%）、高中及以下学历（12.0%）、硕士及以上学历（8.7%）。在下属月薪方面，53.1%的下属月薪在5000~10000元，接下来分别是10000元及以上（21.2%）、2000~5000元（19.9%），2000元以下（5.9%）。

四、差异分析

根据调查对象中领导者的人口统计学特征，进行了t检验和ANOVA分析用以验证其内隐追随是否存在差异。将领导者的性别、年龄、学历和与下属共事时长按特定标准进行分组，并比较其内隐追随均值。按人口统计学特征分析领导者内隐追随差异的结果见表3-8、表3-9、表3-10和表3-11。

表3-8　不同性别的领导者内隐追随差异分析

	均值		标准偏差		t值	p值
	男 n=316	女 n=142	男	女		
勤勉	3.670	3.567	0.947	0.989	3.226	0.001
热忱	3.566	2.948	0.926	0.936	6.583	0.000
好公民	3.390	3.005	0.960	0.915	4.034	0.000

表3-8展示了不同性别的领导者其内隐追随是否存在差异。结果显示，不同性别的领导者其内隐追随存在显著差异，具体来说是勤勉（t = 3.226，p = 0.001）、热忱（t = 6.583，p = 0.000）和好公民（t = 4.034，p = 0.000）。通过比较均值我们可以看到，男性的内隐追随水平显著高于女性。这与 Sy（2010）、Derler 和 Weibler（2014）得出的结论一致。这是因为在我国，男性对权力和地位的渴望比女性强，男性对下属的要求也比女性高。

表3-9　不同年龄的领导者内隐追随差异分析

	分类	M±SD	F	p	事后检验
勤勉	20~30 岁（n=40）	3.000±1.140	7.955	0.000	a
	31~40 岁（n=131）	3.458±0.928			b
	41~50 岁（n=194）	3.653±0.895			b, c
	50 岁以上（n=93）	3.814±0.998			c
热忱	20~30 岁（n=40）	2.675±1.020	9.581	0.000	a
	31~40 岁（n=131）	3.321±0.913			b
	41~50 岁（n=194）	3.448±0.963			b
	50 岁以上（n=93）	3.599±0.919			b
好公民	20~30 岁（n=40）	2.500±0.820	11.733	0.000	a
	31~40 岁（n=131）	3.270±0.933			b
	41~50 岁（n=194）	3.534±0.893			b
	50 岁以上（n=93）	3.271±0.962			b

　　表3-9展示了不同年龄的领导者其内隐追随是否存在差异。结果显示，不同年龄的领导者其内隐追随存在显著差异，具体来说，勤勉（F = 7.955，p = 0.000），热忱（F=9.581，p = 0.000），好公民（F=11.733，p = 0.000）。比较均值表明，领导者年龄越大，他们的内隐追随水平就越高。具体而言，50 岁以上的领导者勤勉水平大于 20~30 岁和 31~40 岁的领导者，41~50 岁的领导者勤勉水平也大于 20~30 岁的领导者；50 岁以上、41~50 岁和 31~40 岁的领导者热忱水平显著高于 20~30 岁的领导者；而 50 岁以上、41~50 岁和 31~40 岁的领导者好公民水平显著高于 20~30 岁的领导者。这一结果与 Sy（2010）的研究结论一

致，这是因为领导者年龄越大，他们对下属的固有观念就越深，这种固有观会影响其内隐追随（Derler and Weibler，2014）。

表3-10 不同学历的领导者内隐追随差异分析

	分类	M±SD	F	p	事后检验
勤勉	高中及以下（n=39）	3.077±1.019	8.186	0.000	a
	大专（n=61）	3.219±0.994			a
	本科（n=260）	3.674±0.924			b
	硕士及以上（n=98）	3.721±0.953			b
热忱	高中及以下（n=39）	3.128±0.900	5.574	0.001	a，b
	大专（n=61）	3.005±0.999			a
	本科（n=260）	3.422±0.970			b，c
	硕士及以上（n=98）	3.578±0.918			c
好公民	高中及以下（n=39）	2.752±0.942	9.316	0.000	a
	大专（n=61）	3.109±0.920			b
	本科（n=260）	3.253±0.935			b
	硕士及以上（n=98）	3.626±0.949			c

根据表3-10的分析结果，按照领导者学历不同划分为高中及以下学历、大专学历、本科学历、硕士及以上学历四类，结果显示勤勉（F=8.186，p=0.000）、热忱（F=5.574，p=0.001）、好公民（F=9.316，p=0.000），不同教育背景的领导者内隐追随存在显著差异。事后检验结果显示，本科学历和硕士及以上学历的领导者其勤勉水平明显比高中及以下学历和大专学历的领导者更高；硕士及以上学历和本科学历的领导者其热忱水平明显高于高中及以下学历和大专学历的领导者；硕士及以上学历的领导者其好公民水平最高，然后是本科学历和大专学历，他们的好公民水平均高于高中及以下学历的领导者。这一结果与Sy（2010）的研究结论一致。

在表3-11中，按照领导者与下属的共事时长将其分为6个月~1年、1~3年、3~6年、6年及以上四类，验证不同共事时长的领导者内隐追随是否存在差异。结果显示，领导者内隐追随的三个子变量勤勉、热忱、好公民的概率均大于

0.05，不同共事时长的领导者之间其内隐追随不存在显著差异，这说明领导者的内隐追随不受他们与下属一起共事时长的限制。

表 3-11　领导者与下属不同共事时长的领导者内隐追随差异分析

	分类	M±SD	F	p	事后检验
勤勉	6 个月~1 年（n=123）	3.539±0.977	0.133	0.940	—
	1~3 年（n=171）	3.571±0.911			
	3~6 年（n=88）	3.625±1.044			
	6 年及以上（n=76）	3.570±1.015			
热忱	6 个月~1 年（n=123）	3.439±0.920	0.641	0.589	—
	1~3 年（n=171）	3.296±0.973			
	3~6 年（n=88）	3.428±1.064			
	6 年及以上（n=76）	3.386±0.944			
好公民	6 个月~1 年（n=123）	3.255±1.001	0.989	0.398	—
	1~3 年（n=171）	3.275±0.926			
	3~6 年（n=88）	3.398±0.972			
	6 年及以上（n=76）	3.140±0.965			

第四节　变量的信效度检验

一、探索性因子分析和信度检验

在假设验证前，本研究进行因素分析，以检验各量表的准确性和可靠性。本研究使用 SPSS 24.0 进行探索性因子分析。因子载荷量表示变量的重要程度，删除因子载荷量为 0.5 以下的题项，以期提高各检测变量的 KMO（Kaiser-Meyer-Olkin）值。KMO 值是指变量间相关性被其他变量解释的程度，该值必须高于 0.6。

信度（Reliability）分析是指对同一概念进行重复测量，获得同一数值的可能性。本研究使用α值评估量表各题项的一致性，α值在0.8以上视为良好。本研究的探索性因子分析和信度分析结果如表3-12所示。

表3-12　变量的探索性因子分析和信度分析

变量	子变量		因子载荷值	特征根	累计方差说明率（%）	Alpha if Item Deleted	Cronbach α	KMO
内隐追随	勤勉	IFTs5	0.872	3.759	41.762	0.772	0.851	0.797
		IFTs6	0.861			0.784		
		IFTs4	0.841			0.818		
	热忱	IFTs1	0.875	1.637	59.955	0.764	0.848	
		IFTs3	0.864			0.774		
		IFTs2	0.816			0.822		
	好公民	IFTs9	0.863	1.489	76.498	0.741	0.834	
		IFTs8	0.847			0.792		
		IFTs7	0.837			0.778		
员工创新行为	创意实施	IB9	0.91	4.68	51.999	0.853	0.917	0.845
		IB8	0.891			0.888		
		IB7	0.875			0.896		
	创意推广	IB4	0.89	1.625	70.055	0.894	0.921	
		IB5	0.886			0.867		
		IB6	0.864			0.899		
	创意提出	IB1	0.871	1.268	84.142	0.828	0.873	
		IB2	0.86			0.82		
		IB3	0.854			0.815		
LMX		LMX1	0.825	4.287	61.250	0.871	0.893	0.905
		LMX2	0.805			0.874		
		LMX4	0.798			0.875		
		LMX3	0.78			0.878		
		LMX6	0.776			0.878		
		LMX5	0.768			0.879		
		LMX7	0.724			0.885		

变量	子变量	因子载荷值	特征根	累计方差说明率（%）	Alpha if Item Deleted	Cronbach α	KMO
PE	PE7	0.821	6.050	60.502	0.915	0.926	0.930
	PE6	0.797			0.916		
	PE10	0.795			0.917		
	PE4	0.794			0.917		
	PE3	0.79			0.917		
	PE12	0.786			0.917		
	PE5	0.751			0.920		
	PE2	0.75			0.920		
	PE9	0.746			0.919		
	PE11	0.743			0.920		
OJ	OJ3	0.827	8.631	57.539	0.940	0.945	0.976
	OJ2	0.823			0.940		
	OJ7	0.799			0.941		
	OJ6	0.792			0.941		
	OJ1	0.781			0.941		
	OJ16	0.779			0.941		
	OJ4	0.768			0.941		
	OJ13	0.759			0.941		
	OJ11	0.753			0.942		
	OJ8	0.75			0.942		
	OJ17	0.742			0.942		
	OJ10	0.728			0.942		
	OJ12	0.696			0.943		
	OJ15	0.688			0.943		
	OJ14	0.675			0.943		

注：LMX=领导—成员交换关系；PE=心理授权；OJ=组织公平。

表3-12 中实施了探索性因子分析和信度分析，Cronbach α 系数均在 0.8 以上，表明各变量的题项内在一致性良好，满足要求。

信度检验中删除了 5 个不合格指标。检验结果显示，各变量的 KMO 值分别为 0.797, 0.845, 0.905, 0.930, 0.976, 均超过了 0.6, 达到显著水平, 且 Bartlett 球形检验的 p 值均在 0.05 以下, 表明各变量题项间相关性较高, 变量选取合理, 本研究选取的样本数据适合进行因子分析。

使用主成分分析法, 进行 Varimax 方差正交旋转, 各变量的初始特征根均为 1 以上。因子载荷值均大于 0.5, 方差说明率分别为 76.498%, 84.142%, 61.250%, 60.502%, 57.539%, 大部分都超过 60%。

二、验证性因子分析

基于上述的探索性因子分析, 进行了验证性因子分析 (Confirmatory Factor Analysis, CFA)。CFA 是一种利用社会调研资料进行的统计学方法, 由研究人员设计各变量间的理论联系, 并利用 CFA 检验某一因素与所述相关指标的相关性。本研究采用 AMOS24.0 构造的结构方程式 (SEM) 进行了检验。本研究使用构念效度来评价各量表的效度, 构念效度包括收敛效度与区别效度。收敛效度是指采用不同方法测量同一个构念之间是否具有高相关性, 也就是说, 验证变量各题项间的一致性程度。收敛效度有多种判断方法, 本研究以组合信度 (Construct Reliability, CR) 的值作为评价标准。本研究中还通过区别效度来验证变量的可靠性。区别效度指用不同方法测量不同构念的相关性高低的程度 (罗胜强和姜嬿, 2014)。构念之间的相关性越低, 区别效度就越大。区别效度明显区别于相关系数的值, 可以说只有当一个变量与另一个变量之间的相关性较低时, 才能验证区别效度的有效性。区别效度也有多种判断方法, 本研究中采用平均方差萃取值 (Average Variance Extracted, AVE) 评价区别效度。

1. 收敛效度分析

分析结果中 S. E. 反映样本均数的抽样误差。组合信度 (C. R.) 值在 0.7 以上, 标准化的因子载荷值在 0.5 以上, 临界比 (Critical Ratio, C. R.) 大于 1.96, 统计显著性低于 0.05, AVE 大于 0.5, 就能认为变量间具有收敛效度 (Fornell and Larcker, 1981)。除此之外, 多元相关平方 (Squared Multiple Correlations, SMC) 应该高于 0.5。本研究中各变量的验证性因子分析及效度分析结果见表 3-13。

表 3-13　变量的验证性因子分析及效度分析

变量	子变量		标准化的因子载荷值	S. E	C. R.	SMC	CR	AVE
内隐追随	勤勉	IFTs1	0.827	—	—	0.685	0.849	0.652
		IFTs2	0.759	0.054	16.932	0.576		
		IFTs3	0.835	0.052	18.485	0.698		
	热忱	IFTs4	0.765	—	—	0.586	0.851	0.657
		IFTs5	0.843	0.063	17.417	0.711		
		IFTs6	0.821	0.063	17.11	0.675		
	好公民	IFTs7	0.789	—	—	0.623	0.837	0.631
		IFTs8	0.76	0.064	15.951	0.578		
		IFTs9	0.833	0.057	17.079	0.695		
员工创新行为	创意提出	IB1	0.812	—	—	0.66	0.873	0.696
		IB2	0.843	0.052	19.61	0.71		
		IB3	0.848	0.052	19.734	0.719		
	创意推广	IB4	0.877	—	—	0.77	0.923	0.8
		IB5	0.923	0.036	28.25	0.852		
		IB6	0.882	0.041	26.118	0.777		
	创意实施	IB7	0.862	—	—	0.743	0.919	0.792
		IB8	0.877	0.038	24.881	0.769		
		IB9	0.929	0.042	27.04	0.863		
领导—成员交换关系		LMX1	0.8	—	—	0.64	0.895	0.549
		LMX2	0.775	0.05	17.936	0.601		
		LMX3	0.737	0.04	16.828	0.543		
		LMX4	0.757	0.046	17.398	0.573		
		LMX5	0.716	0.049	16.251	0.513		
		LMX6	0.726	0.046	16.513	0.527		
		LMX7	0.667	0.05	14.905	0.445		
心理授权		PE2	0.716	—	—	0.513	0.928	0.562
		PE7	0.801	0.068	16.682	0.642		
		PE6	0.77	0.057	16.034	0.593		
		PE5	0.721	0.063	14.993	0.52		
		PE4	0.764	0.055	15.906	0.584		
		PE3	0.767	0.057	15.958	0.588		

变量	子变量	标准化的因子载荷值	S. E	C. R.	SMC	CR	AVE
心理授权	PE9	0.715	0.058	14.862	0.511	0.928	0.562
	PE10	0.767	0.05	15.965	0.588		
	PE11	0.712	0.051	14.814	0.508		
	PE12	0.755	0.054	15.707	0.57		
组织公平	OJ1	0.764	—	—	0.584	0.947	0.546
	OJ2	0.815	0.065	18.795	0.665		
	OJ3	0.818	0.062	18.869	0.669		
	OJ4	0.749	0.076	16.966	0.561		
	OJ6	0.775	0.082	17.675	0.601		
	OJ7	0.786	0.054	17.97	0.617		
	OJ8	0.729	0.056	16.446	0.532		
	OJ10	0.704	0.057	15.797	0.496		
	OJ11	0.731	0.057	16.484	0.534		
	OJ12	0.669	0.065	14.882	0.447		
	OJ13	0.736	0.06	16.623	0.542		
	OJ14	0.645	0.059	14.28	0.416		
	OJ15	0.658	0.06	14.61	0.433		
	OJ16	0.758	0.072	17.207	0.574		
	OJ17	0.717	0.08	16.126	0.514		

表 3-13 显示，各变量的标准化因子载荷都大于 0.5，组合信度都大于 0.8，AVE 值都大于 0.5，且均具有统计学意义。这表明本研究建立的观察变量的一致性程度较高，所以证明本研究各变量的测量工具存在收敛效度，证明本研究使用的量表可以代表该构念（Hair et al.，1995）。

为了提高研究模型的拟合度指数，本研究观测模型拟合度指数 χ^2/df（CMIN/DF）、RMR（Root Mean-squared Residual）、GFI（Goodness of Fit Index）、AGFI（Adjusted GFI）、RMSEA（Root Mean Squared Error of Approximation）、NFI（Normed Fit Index）、TLI（Tucker-Lewis Index）、CFI（Comparative Fit Index）、IFI（Incremental Fit Index），以及 PNFI（Parsimonious NFI）、PGFI（Parsimonious

GFI），以确认是否所有变量都适合用研究模型进行分析，并删除不符合判断标准的变量。根据模型拟合度判断标准，对领导者内隐追随、员工创新行为、领导—成员交换关系、心理授权和组织公平进行综合分析。根据模型拟合标准分析结果见表3-14。

表 3-14　模型拟合度

拟合度指标		判断标准	分析结果
绝对拟合指数	CMIN/DF	2 以下良好	1.500
	RMR	0.05 以下良好	0.033
	GFI	0.9 以上良好	0.872
		0.8 以上普通	
	AGFI	0.9 以上良好	0.856
		0.8 以上普通	
	RMSEA	0.05 以下良好	0.033
		0.05~0.1 普通	
增值拟合度指标	NFI	0.9 以上良好	0.892
		0.8 以上普通	
	IFI	0.9 以上良好	0.961
		0.8 以上普通	
	TLI	0.9 以上良好	0.958
		0.8 以上普通	
	CFI	0.9 以上良好	0.961
		0.8 以上普通	
综合拟合度指标	PGFI	0.5 以上良好	0.779
	PNFI	0.5 以上良好	0.829

观察表3-14所示结果，本研究各变量的模型拟合度值均满足判断标准。其中 χ^2/df 值、RMR 值、RMSEA 值、IFI 值、TLI 值、CFI 值均符合良好标准。GFI值、AGFI 值、NFI 值虽然没有达到良好的标准，但是都满足了可接受的标准。本研究通过对所有变量的整体验证性因子进行分析，证实了本研究模型的有效性和可靠性。

2. 区别效度分析

为了进一步确认本研究中使用的各个变量的效度，对模型进行了区别效度分析。本研究运用 AMOS 24.0 采用结构方程模型（SEM）进行区别效度分析，验证各变量之间的关系。在这个过程中，还进行了变量之间的相关分析。相关分析是指分析变量之间的接近程度，即相关性的统计分析方法。相关分析检验回归分析（Regression Analysis）中变量之间的关系是否具有可信度。回归分析必须伴随相关分析。通过进行变量间的相关分析，计算平均值和标准偏差，并使用皮尔逊相关系数（r）来验证是否存在相关关系。相关系数（r）的取值范围为-1 到+1，当 r 值小于±0.2 时，我们认为不存在相关关系；当 r 值在±0.2 到±0.4 时，表明变量间相关性较低；当 r 值在±0.4 到±0.7 时，我们认为相关性较高。一般情况下，当相关系数（r）为 0.8 以上时，有学者认为极有可能存在多重共线性（Hair et al.，1998）。

为了确保测量模型判别的有效性，本研究使用了 Gefen 和 Straub（2005）的标准。当每个潜变量的平均方差萃取值（AVE）的平方根高于相应潜变量与其他潜变量之间的相关系数时，我们认为存在区别效度。韩国学者于宗必（2016）认为，判断区别效度的标准是，如果两个潜变量的平均方差萃取值（AVE）大于两个潜变量之间相关系数（r）的平方，就会被认为具有区别效度。变量的相关关系和区别效度分析结果如表 3-15 所示。

表 3-15　变量的相关关系及区别效度分析

序号	变量	勤勉	热忱	好公民	IB1	IB2	IB3	LMX	PE	AVE
1	勤勉									0.652
2	热忱	0.343**								0.657
3	好公民	0.329**	0.286**							0.631
4	IB1	0.454**	0.421**	0.392**						0.696
5	IB2	0.449**	0.511**	0.477**	0.453**					0.800
6	IB3	0.447**	0.437**	0.406**	0.345**	0.472**				0.792
7	LMX	0.408**	0.393**	0.437**	0.453**	0.531**	0.467**			0.549

续表

序号	变量	勤勉	热忱	好公民	IB1	IB2	IB3	LMX	PE	AVE
8	PE	0.409**	0.432**	0.415**	0.523**	0.526**	0.498**	0.432**		0.562
9	OJ	0.243**	0.099*	0.191**	0.281**	0.117**	0.240**	0.199**	0.273**	0.546

注：① * 表示 $p<0.05$；** 表示 $p<0.01$；*** 表示 $p<0.001$。②IB1＝创意提出；IB2＝创意推广；IB3＝创意实施；LMX＝领导—成员交换关系；PE＝心理授权；OJ＝组织公平。

如表 3-15 所示，各变量之间的相关系数 r 值大多在 0.2~0.5，显著性水平均在 0.05 以下。其中，组织公平和内隐追随的子变量热忱和好公民之间的相关系数 r 分别为 0.099 和 0.191，组织公平和员工创新行为的子变量创意推广之间的相关系数 r 为 0.117，可以认为不存在相关性。本研究各变量之间的相关系数最高为 0.531，低于 0.7，可以判断本研究各变量间不存在多重共线性。接下来进行区别效度分析，各变量之间相关系数最高值 0.531 的平方（LMX 和创意推广）为 0.282，低于 AVE 值中的最低值 0.546（组织公平的 AVE 值），验证了本研究模型的判别有效性。另外，本研究中潜变量之间的相关性显著，可以进行后续的实证分析。

3. 共同方法偏差检验

当使用同一问卷以相同方式收集和测量数据时，可能会出现共同方法偏差，因此最近学术界对单一来源数据持消极看法。因此，本研究的自变量内隐追随由领导评估，员工创新行为、领导—成员交换关系、心理授权和组织公平由下属评估。间隔 3 个月分别向领导者和下属发放问卷进行调查。此外，本研究采用匿名调查的方式进行，以免因测量方法而非构念本身对研究结论造成较大的偏差影响。通过这种方式，可以在一定程度上减少共同方法偏差的影响（Podsakoff et al.，2003）。

在检验研究假设之前，采用 Harman 单因素检验和潜在误差变量控制法来检验共同方法偏差的问题。根据 Harman（1967）的单因素检验方法，在探索性因子分析中检验未旋转的因子分析结果，如果第一个解释力最大的因子占总解释力的一半以下可以认为不存在严重的共同方法偏差。未旋转因子分析的结果表明，第一个公因子的解释力为 29.602%，不到因子分析累计方差解释力（67.725%）的一半，所以可以认为本研究中共同方法偏差不会对问卷数据分析构成严重威胁（Podsakoff et al.，2003）。然而，最近通过简单地使用单因素检验来验证共同方法偏差是否存在的方法受到了批评（Chang et al.，2010）。因此，在本研究中进一步采用了 Sharma 等（2009）使用的潜在误差变量控制法来验证共同方法偏差。

在本研究中，为了检验共同方法因子（CMV）带来的测量偏差，比较了控制 CMV 前和控制 CMV 后的模型拟合度。通过比较控制 CMV 前后模型之间的差异来判断共同方法偏差的程度，检验结果如表 3-16 所示。根据表 3-16，通过比较控制 CFA 前模型和控制 CFA 后模型的拟合度，发现控制前模型比控制后模型拟合效果更好。因此，可以判断控制后的模型并不明显优于控制前的模型（Dulac et al.，2008）。根据共同方法偏差的分析结果，可以判断本研究不存在相关共同方法偏差问题。

表 3-16 共同方法偏差的分析结果

模型	χ^2/df	RMR	GFI	NFI	CFI	TLI	RMSEA
控制前	1.500	0.033	0.872	0.892	0.961	0.958	0.033
控制后	1.923	0.047	0.836	0.865	0.930	0.922	0.045

第五节　假设检验

本研究中使用 AMOS 24.0 和 SPSS 24.0 验证内隐追随对员工创新行为的影响机制，以及在此影响过程中领导—成员交换关系和心理授权的中介作用，以及组织公平的调节作用。

一、内隐追随与员工创新行为的关系检验

本研究运用 SPSS 24.0 进行层次回归分析，验证内隐追随与员工创新行为之间的关系。在对内隐追随的子变量勤勉、热忱、好公民和员工创新行为的子变量创意提出、创意推广和创意实施进行标准化操作后，实施层次回归分析检验内隐追随对员工创新行为的影响关系，分析结果见表 3-17 的模型 1~模型 6。在表 3-17 中，模型 1 和模型 2 中以创意提出为因变量，模型 3 和模型 4 以创意推广为因变量，模型 5 和模型 6 以创意实施为因变量。分析结果显示，在模型 2 中，在显著性 p<0.05 水平下，作为内隐追随子变量的勤勉、热忱和好公民对创意提出的影响分别为 0.264、0.250 和 0.214；在显著性 p<0.05 水平下，勤勉、热忱和好公民对创意推广的影响分别为 0.208、0.337、0.300；在显著性 p<0.05 水平下，勤勉、热忱和好公民对创意实施的影响分别 0.259、0.270 和 0.234。

表 3-17 领导者内隐追随对员工创新行为的影响分析（一）

变量	创意提出		创意推广		创意实施	
	M1	M2	M3	M4	M5	M6
性别	-0.005	0.021	-0.024	0.009	0.024	0.052
年龄	-0.025	-0.053	0.052	0.028	0.035	0.007
教育水平	0.216***	0.165***	0.161**	0.112**	0.134**	0.082*
月薪	0.173***	0.090*	0.165***	0.066	0.144**	0.056
工作时长	-0.017	0.011	-0.075	-0.046	-0.111	-0.082
勤勉		0.264***		0.208***		0.259***
热忱		0.250***		0.337***		0.270***
好公民		0.214***		0.300***		0.234***
R^2	0.089	0.369	0.065	0.444		
ΔR^2	0.089	0.279	0.065	0.378		
F	8.874***	32.764***	6.321***	44.742***	4.901***	31.157***
Durbin-Watson	2.176		2.055		1.945	

注：①M=模型。②*表示 p<0.05；**表示 p<0.01；***表示 p<0.001。

为了进一步分析领导者内隐追随对员工创新行为的影响，使用 AMOS 24.0 统计程序，采用结构方程建模技术，将内隐追随的子变量勤勉、热忱和好公民作为自变量，将员工创新行为的子变量创意提出、创意推广、创意实施设置为因变量。按照 Marsh 等（2013）的方法验证了直接效应，并对模型进行了修改以提高模型的拟合度。从分析结果判断假设是否显著（C. R. >±1.96，p<0.05）。领导者内隐追随对员工创新行为的直接影响检验结果见表 3-18。

表 3-18　领导者内隐追随对员工创新行为的影响分析（二）

路径	标准化系数（β）	标准偏差（S. E.）	临界值（C. R.）	显著性（p）
勤勉→创意提出	0.322	0.052	5.899	***
热忱→创意提出	0.287	0.056	5.444	***
好公民→创意提出	0.238	0.053	4.538	***
勤勉→创意推广	0.224	0.049	4.659	***
热忱→创意推广	0.384	0.055	7.857	***
好公民→创意推广	0.328	0.051	6.796	***
勤勉→创意实施	0.274	0.053	5.258	***
热忱→创意实施	0.299	0.057	5.865	***
好公民→创意实施	0.262	0.054	5.15	***
模型拟合度	CMIN/DF = 1.118, RMR = 0.035, GFI = 0.968, AGFI = 0.956, NFI = 0.974, IFI = 0.997, TLI = 0.997, CFI = 0.997, RMSEA = 0.016			

注：＊表示 p<0.05；＊＊表示 p<0.01；＊＊＊表示 p<0.001。

如表 3-18 所示，勤勉对创意提出的影响为 0.322，显著性水平为 p<0.001；热忱对创意提出的影响为 0.287，显著性水平为 p<0.001；好公民对创意提出的影响为 0.238，显著性水平为 p<0.001。因此，假设 1-1 被接受。

在对创意推广的影响方面，在 p<0.001 的显著性水平下，勤勉对创意推广的影响为 0.224；热忱对创意推广的影响为 0.384；好公民对创意推广的影响为 0.328。因此，假设 1-2 被接受。在对创意实施的影响方面，在 p<0.001 的显著性水平下，勤勉对创意实施的影响为 0.274；热忱对创意实施的影响为 0.299；好公民对创意实施的影响为 0.262。因此，假设 1-3 被接受。假设 1-1、假设 1-2 和假设 1-3 均被接受，因此假设 1 被接受。

基于上述分析，模型的潜在变量之间的标准化路径系数可以用图形表示（见图3-2）。

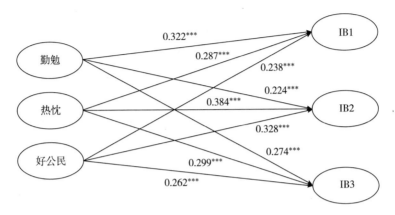

图3-2　领导者内隐追随对员工创新行为影响模型的标准化系数

注：①＊表示 $p<0.05$；＊＊表示 $p<0.01$；＊＊＊表示 $p<0.001$。②IB1＝创意提出；IB2＝创意推广；IB3＝创意实施。

　　根据分析结果可以看出，领导者内隐追随水平越高，员工创新行为水平越高。这与王弘钰和李云剑（2017）、祝振兵等（2017a）、王惊（2019）的研究结果相似。研究发现，如果领导者对下属的勤勉、热忱和好公民特质怀有期望，这种期望可以促进员工创新行为的提高。具体来说，就是下属在提出、推广、实施创意三个方面会受到领导关于其勤勉、热忱和好公民特性假设的影响。领导者内隐追随是促进员工创新行为提高的重要资源，领导者对下属勤勉、热忱和好公民特质的期望对员工创新行为具有显著的正向影响。此外，研究还发现领导者关于下属勤勉特质的假设对创意提出的影响更大，领导者关于下属热忱特质的假设对创意推广和实施影响更大。这揭示了领导者心中感知到的下属的勤勉特质可以促进创意的提出，而领导者心中感知到的下属的热忱特质可以促进创意的推广和实施。

二、领导—成员交换关系与心理授权的中介作用检验

　　中介变量（mediator）是自变量对因变量产生影响的中介，是自变量对因变

量产生影响的实质性的、内在的原因。Baron 和 Kenny（1986）最先提出用因果逐步回归检验法检验中介效应，MacKinnon 等（2002）指出 Baron 和 Kenny（1986）方法中的 Sobel 检验有局限性，因为它的统计功效低，必须服从正态分布，并且需要至少 1000 个样本量。如果样本量为 200 个以上，并且有 2 个及以上的观测变量，则最好使用 AMOS 程序来检验中介效应（裴炳烈，2015）。本研究在不考虑样本是否服从多元正态分布的情况下，为了检验领导—成员交换关系和心理授权的中介效应，采用 Bootstrapping 算法，使用偏差校正百分位法校正偏差，计算样本置信区间。Bootstrapping 算法可以估计样本的偏差和标准误差，并提供参数的置信区间和路径系数的显著性水平。

检验中介效应显著与否，检验 95% 的显著性水平下置信区间是否包含 0，如果置信区间不含 0，则认为具有统计显著性。自变量通过影响中介变量对因变量产生影响。中介效应包括完全中介效应和部分中介效应。完全中介效应是指自变量对因变量的影响完全通过中介变量施加作用。部分中介效应是指在自变量对因变量的影响过程中，某些是直接影响，某些是通过中介变量去影响因变量（高钟植，2013）。

模型添加中介变量后，自变量影响因变量的效果值具有统计显著性，且比不添加中介变量的模型中的数值更小，自变量和中介变量、中介变量和因变量的关系均显著。估计总效果和直接效果、间接效果的标准误差，其置信区间不包含 0 时，部分中介效应成立。

在本研究中，为了检验领导—成员交换关系（LMX）和心理授权（PE）在领导者内隐追随对员工创新行为影响机制中的中介作用，使用结构方程建模。按照统计结果，把各变量间的标准化路径系数和统计显著路径图示化，可以看出各变量之间存在显著影响（见图 3-3）。

本研究将构建的中介模型分为三个层次进行中介效应分析。首先，分析了领导者内隐追随与员工创新行为之间的整体中介效应。其次，分析了领导—成员交换关系、心理授权分别在领导者内隐追随对员工创新行为影响机制过程中的中介作用。最后，分析了领导—成员交换关系和心理授权在领导者内隐追随对员工创新行为影响过程中的链式中介作用。

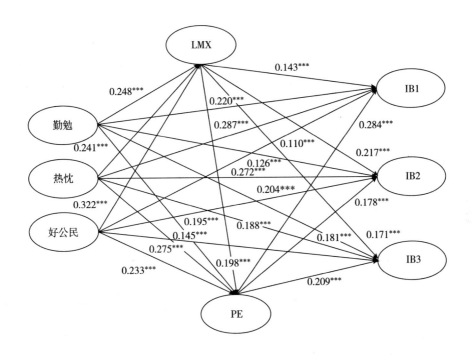

图 3-3 中介模型的标准化系数

注：①＊表示 p<0.05；＊＊表示 p<0.01；＊＊＊表示 p<0.001。②IB1＝创意提出；IB2＝创意推广；IB3＝创意实施；LMX＝领导—成员交换关系；PE＝心理授权。

1. 领导—成员交换关系和心理授权的整体中介作用

本研究中使用 Bootstrapping 算法估计潜变量的总效应、直接效应与间接效应，检验领导—成员交换关系和心理授权在领导者内隐追随对员工创新行为影响关系中的整体中介作用，分析结果如表 3-19 所示。

表 3-19 领导—成员交换关系和心理授权的整体中介效应分析

路径	总效应	置信区间	直接效应	置信区间	间接效应	置信区间
勤勉→创意提出	0.321	0.213~0.418	0.220	0.106~0.327	0.101	0.055~0.161
热忱→创意提出	0.281	0.184~0.378	0.159	0.056~0.261	0.122	0.078~0.181

路径	总效应	置信区间	直接效应	置信区间	间接效应	置信区间
好公民→创意提出	0.235	0.135~0.329	0.110	0.005~0.214	0.125	0.074~0.184
勤勉→创意推广	0.220	0.123~0.317	0.126	0.028~0.221	0.095	0.052~0.149
热忱→创意推广	0.380	0.287~0.469	0.272	0.176~0.366	0.107	0.065~0.161
好公民→创意推广	0.323	0.228~0.415	0.204	0.105~0.300	0.119	0.076~0.178
勤勉→创意实施	0.272	0.169~0.370	0.181	0.081~0.284	0.090	0.049~0.145
热忱→创意实施	0.294	0.196~0.389	0.188	0.092~0.286	0.106	0.061~0.166
好公民→创意实施	0.258	0.154~0.351	0.145	0.039~0.242	0.113	0.065~0.174
模型拟合度	CMIN/DF = 1.791，RMR = 0.035，GFI = 0.891，AGFI = 0.871，NFI = 0.911，IFI = 0.959，TLI = 0.954，CFI = 0.959，RMSEA = 0.042					

如表 3-19 所示，领导者内隐追随的子变量勤勉、热忱、好公民对创意提出的总效应分别为 0.321、0.281 和 0.235，置信区间均不含 0。勤勉、热忱、好公民对创意提出的直接效应分别为 0.220、0.159 和 0.110，置信区间均不包含 0。勤勉、热忱、好公民对创意提出的间接效应分别为 0.101、0.122 和 0.125，置信区间均不含 0。因此，领导—成员交换关系和心理授权在内隐追随子变量勤勉、热忱、好公民对创意提出的影响过程中整体发挥部分中介作用。

领导者内隐追随的子变量勤勉、热忱、好公民对创意推广的总效应分别为 0.220、0.380 和 0.323，置信区间均不含 0。勤勉、热忱、好公民对创意推广的直接效应分别为 0.126、0.272 和 0.204，置信区均不包含 0。勤勉、热忱、好公民对创意推广的间接效应分别为 0.095、0.107 和 0.119，置信区间均不含 0。因此，领导—成员交换关系和心理授权在内隐追随子变量勤勉、热忱、好公民对创意推广的影响过程中整体发挥部分中介作用。

领导者内隐追随的子变量勤勉、热忱、好公民对创意实施的总效应分别为 0.272、0.294 和 0.258，置信区间均不含 0。勤勉、热忱、好公民对创意实施的直接效应分别为 0.181、0.188 和 0.145，置信区均不包含 0。勤勉、热忱、好公民对创意实施的间接效应分别为 0.090、0.106 和 0.113，置信区间均不含 0。因此，在 95% 的显著性水平下，领导—成员交换关系和心理授权在内隐追随子变量勤勉、热忱、好公民对创意实施的影响过程中整体发挥部分中介作用。

　　基于上述结果，发现领导—成员交换关系和心理授权在领导者内隐追随与员工创新行为的关系中发挥显著的部分中介作用。也就是说，领导者内隐追随通过影响下属感知的领导—成员交换关系与心理授权，进一步影响员工创新行为。

　　2. 领导—成员交换关系和心理授权的中介作用

　　为了验证领导—成员交换关系和心理授权在领导者内隐追随与员工创新行为间关系中的链式中介作用，采用 AMOS 24.0 编写语法和 Bootstrapping 算法，通过5000 次随机重置抽样计算样本分布，获得领导—成员交换关系、心理授权的中介效应值和95%显著性水平下的置信区间。

　　在领导者内隐追随和员工创新行为之间的关系中，有关领导—成员交换关系的中介路径共 9 条，分别是"勤勉→领导—成员交换关系→创意提出""热忱→领导—成员交换关系→创意提出""好公民→领导—成员交换关系→创意提出""勤勉→领导—成员交换关系→创意推广""热忱→领导—成员交换关系→创意推广""好公民→领导—成员交换关系→创意推广""勤勉→领导—成员交换关系→创意实施""热忱→领导—成员交换关系→创意实施""好公民→领导—成员交换关系→创意实施"。领导—成员交换关系的中介效应分析结果如表 3-20 所示。

表 3-20　领导—成员交换关系的中介效应分析

路径	标准化系数	置信区间
勤勉→领导—成员交换关系→创意提出	0.035	0.009~0.075
热忱→领导—成员交换关系→创意提出	0.034	0.010~0.073
好公民→领导—成员交换关系→创意提出	0.046	0.013~0.094
勤勉→领导—成员交换关系→创意推广	0.054	0.025~0.093
热忱→领导—成员交换关系→创意推广	0.052	0.026~0.093
好公民→领导—成员交换关系→创意推广	0.070	0.026~0.116
勤勉→领导—成员交换关系→创意实施	0.043	0.016~0.084
热忱→领导—成员交换关系→创意实施	0.041	0.015~0.082
好公民→领导—成员交换关系→创意实施	0.055	0.020~0.100

从分析结果来看，有关9条领导—成员交换关系的中介路径，其路径系数分别为 0.035、0.034、0.046、0.054、0.052、0.070、0.043、0.041、0.055。结果证实，领导—成员交换关系的中介路径在领导者内隐追随（勤勉、热忱、好公民）与员工创新行为（创意提出、创意推广、创意实施）之间的关系中具有统计显著性。从标准化路径系数来看，所有影响效应都为正向，表明领导—成员交换关系在领导者内隐追随（勤勉、热忱、好公民）与员工创新行为（创意提出、创意推广、创意实施）之间的关系中具有正向中介作用。也就是说，如果领导者对下属的特质有一个积极的假设，会影响下属的领导—成员交换关系，进而有助于提高员工创新行为（创意提出、创意推广、创意实施）。因此，假设2被接受。

在领导者内隐追随对员工创新行为的影响过程中，心理授权的中介路径共有9条，分别是"勤勉→心理授权→创意提出""热忱→心理授权→创意提出""好公民→心理授权→创意提出""勤勉→心理授权→创意推广""热忱→心理授权→创意推广""好公民→心理授权→创意推广""勤勉→心理授权→创意实施""热忱→心理授权→创意实施""好公民→心理授权→创意实施"。检验结果如表3-21所示。

表3-21 心理授权的中介效应分析

路径	标准化系数	标准误差	置信区间
勤勉→心理授权→创意提出	0.055	0.019	0.022~0.100
热忱→心理授权→创意提出	0.078	0.021	0.043~0.127
好公民→心理授权→创意提出	0.066	0.019	0.033~0.109
勤勉→心理授权→创意推广	0.035	0.014	0.013~0.070
热忱→心理授权→创意推广	0.049	0.017	0.021~0.088
好公民→心理授权→创意推广	0.041	0.015	0.018~0.076
勤勉→心理授权→创意实施	0.041	0.016	0.016~0.079
热忱→心理授权→创意实施	0.057	0.019	0.026~0.102
好公民→心理授权→创意实施	0.049	0.017	0.021~0.089

从分析结果来看，上述中介路径中，在95%的显著性水平上置信区间均不包

含 0。因此，心理授权在领导者内隐追随（勤勉、热忱、好公民）与员工创新行为（创意提出、创意推广、创意实施）之间的关系中发挥中介作用，且具有统计学意义。从标准化系数来看，所有影响效应均为正，说明心理授权在领导者内隐追随（勤勉、热忱、好公民）与员工创新行为（创意提出、创意推广、创意实施）之间的关系中有正向中介作用。也就是说，如果领导者对下属特质的假设是积极的，就会正向影响下属的心理授权水平，从而有助于提高员工创新行为（创意提出、创意推广、创意实施）。因此，假设 3 被接受。

3. 领导—成员交换关系和心理授权的链式中介作用

在领导者内隐追随对员工创新行为的影响作用中，领导—成员交换关系和心理授权的链式中介路径共有 9 条，依次为"勤勉→领导—成员交换关系→心理授权→创意提出""热忱→领导—成员交换关系→心理授权→创意提出""好公民→领导—成员交换关系→心理授权→创意提出""勤勉→领导—成员-交换关系→心理授权→创意推广""热忱→领导—成员交换关系→心理授权→创意推广""好公民→领导—成员交换关系→心理授权→创意推广""勤勉→领导—成员交换关系→心理授权→创意实施""热忱→领导—成员交换关系→心理授权→创意实施"和"好公民→领导—成员交换关系→心理授权→创意实施"。链式中介效应检验结果如表 3-22 所示。

表 3-22 领导—成员交换关系和心理授权的链式中介效应分析

路径	标准化路径系数	标准误差	置信区间
勤勉→领导—成员交换关系→心理授权→创意提出	0.010	0.005	0.002~0.025
热忱→领导—成员交换关系→心理授权→创意提出	0.009	0.005	0.002~0.023
好公民→领导—成员交换关系→心理授权→创意提出	0.013	0.006	0.003~0.030
勤勉→领导—成员交换关系→心理授权→创意推广	0.006	0.004	0.001~0.017
热忱→领导—成员交换关系→心理授权→创意推广	0.006	0.003	0.001~0.016
好公民→领导—成员交换关系→心理授权→创意推广	0.008	0.004	0.002~0.020
勤勉→领导—成员交换关系→心理授权→创意实施	0.007	0.004	0.001~0.018
热忱→领导—成员交换关系→心理授权→创意实施	0.007	0.004	0.002~0.018
好公民→领导—成员交换关系→心理授权→创意实施	0.009	0.005	0.002~0.023

根据分析结果，领导—成员交换关系和心理授权在9条路径上效应值分别为0.010，0.009，0.013，0.006，0.006，0.008，0.007，0.007，0.009。由此，领导—成员交换关系与心理授权在领导者内隐追随（勤勉、热忱、好公民）和员工创新行为（创意提出、创意推广、创意实施）之间的关系中的链式中介效应具有统计学意义。因此，假设4被接受。

三、组织公平的调节效果检验

在本研究中，为了防止调节效应分析过程中经常出现多重共线性问题，对各变量进行了标准化处理。运用SPSS 24.0层次回归分析法，观察 R^2 值及其变化量、F值，以判断假设是否被采纳。在领导者内隐追随、领导—成员交换关系、心理授权、员工创新行为之间的影响关系中，分析组织公平的调节作用。由于Durbin-Watson值均接近参考值2，因此判断不存在多重共线性问题。组织公平在领导者内隐追随对领导—成员交换关系的影响关系中，组织公平的调节作用分析结果见表3-23的模型1~模型3。在表3-23模型1~模型3中把领导—成员交换关系设为因变量，模型1中把下属人口统计学变量设为自变量，模型2中把组织公平设为自变量，模型3中把内隐追随的子变量勤勉、热忱、好公民和组织公平的交互项设置为自变量。从分析结果来看，模型解释力为42.6%，ΔR^2 值增加了9.8%。热忱与组织公平的交互项（模型3，β=0.212，p<0.001）、好公民与组织公平的交互项（模型3，β=0.233，p<0.001）对领导—成员交换关系有显著影响。由于勤勉与组织公平的交互项对领导—成员交换关系没有显著影响（模型3，β=0.017，p>0.05），假设5-1被拒绝。

表3-23　内隐追随与领导—成员交换关系、心理授权的关系中组织公平的调节效应

变量	领导—成员交换关系			心理授权		
	M1	M2	M3	M4	M5	M6
性别	-0.07	-0.044	-0.03	-0.061	-0.033	-0.027
年龄	0.104	0.077	0.078	0.014	-0.021	-0.02
教育水平	-0.005	-0.062	-0.067	0.095*	0.036	0.028

续表

变量	领导—成员交换关系			心理授权		
	M1	M2	M3	M4	M5	M6
收入	0.092	0.015	-0.001	0.110*	0.035	0.025
工作时长	-0.086	-0.059	-0.067	-0.019	0.013	0.022
勤勉		0.223***	0.163***		0.190***	0.162***
热忱		0.222***	0.094*		0.275***	0.211***
好公民		0.289***	0.213***		0.238***	0.163***
组织公平		0.070	0.040		0.153***	0.129**
勤勉与组织公平的交互项			0.017			0.105*
热忱与组织公平的交互项			0.212***			0.215***
好公民与组织公平的交互项			0.233***			-0.032
R^2	0.021	0.328	0.426	0.028	0.347	0.398
ΔR^2	0.021	0.307	0.098	0.028	0.319	0.050
F	1.905	24.282***	27.549***	2.624*	26.493***	24.473***
Durbin-Watson	2.053			1.901		

注：* 表示 $p<0.05$；** 表示 $p<0.01$；*** 表示 $p<0.001$。

在领导者内隐追随对心理授权的影响关系中，组织公平的调节作用分析结果见表 3-23 中的模型 4~模型 6。表 3-23 的模型 4~模型 6 中把心理授权设为因变量，模型 4 把下属人口统计学变量设为自变量，模型 5 把组织公平设为自变量，模型 6 把内隐追随的子变量勤勉、热忱、好公民和组织公平的交互项设为自变量。从分析结果来看，模型解释力为 39.8%，ΔR^2 值增加了 5.0%。勤勉与组织公平的交互项（模型 6，$\beta=0.105$，$p<0.05$）和热忱与组织公平的交互项（模型 6，$\beta=0.215$，$p<0.001$）显著影响心理授权。由于好公民与组织公平的交互项对心理授权没有显著影响（模型 6，$\beta=-0.032$，$p>0.05$），假设 6-3 被拒绝。

另外，为了更准确地验证组织公平的调节作用，采用 Aiken 和 West（1991）的分析程序，通过调节变量的均值加减一个标准差，得到两个标准值。据此划分高组织公平（M+ISD）和低组织公平（M-ISD），推导出高组织公平和低组织公平的回归方程。结果如图 3-4、图 3-5、图 3-6 和图 3-7 所示。

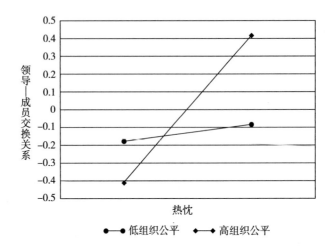

图 3-4　热忱和领导—成员交换关系的关系中组织公平的调节效应

根据图 3-4 中的分析结果，与低组织公平相比，高组织公平的直线斜率更陡。即在组织公平水平较低的情况下，预测热忱对领导—成员交换关系有正向影响，领导—成员交换关系随着热忱水平的提高而增加。在组织公平水平高的情况下，热忱对领导—成员交换关系的积极影响更加突出，领导—成员交换关系随着

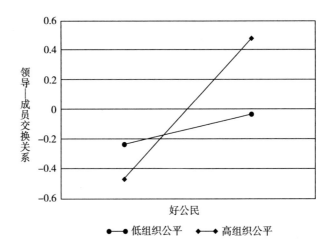

图 3-5　好公民和领导—成员交换关系的关系中组织公平的调节效应

热忱水平的提高而显著增加。此外，在高组织公平时，在热忱对领导—成员交换关系的影响中，组织公平发挥对领导—成员交换关系更大的协同增幅作用。也就是说，在热忱对领导—成员交换关系的影响中组织公平发挥调节作用。所以，假设5-2被接受。

根据图3-5中的分析结果，与低组织公平相比，高组织公平的直线斜率更陡。即在组织公平水平较低的情况下，预测好公民对领导—成员交换关系有正向影响，领导—成员交换关系随着好公民水平的提高而增加。在组织公平水平高的情况下，好公民对领导—成员交换关系的积极影响更加突出，领导—成员交换关系随着好公民水平的提高而显著增加。此外，在好公民对领导—成员交换关系的影响过程中，在高组织公平情况下，组织公平发挥对领导—成员交换关系的更大的协同增幅作用。组织公平在好公民与领导—成员交换关系的关系中起调节作用。因此，假设5-3被接受。

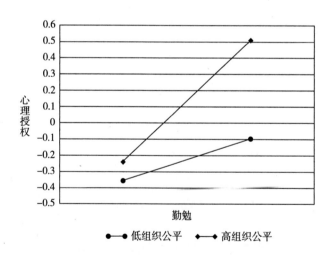

图3-6 勤勉和心理授权的关系中组织公平的调节效应

根据图3-6中的分析结果，与低组织公平相比，高组织公平的直线斜率更陡。即在组织公平水平较低的情况下，预测勤勉对心理授权有正向影响，心理授权随着勤勉水平的提高而增加。在组织公平水平高的情况下，勤勉对心理授权的正向影响更加突出，心理授权随着勤勉水平的提高而显著增加。此外，在勤勉对心理授权的影响过程中，在高组织水平的情况下，组织公平发挥对心理授权的更大的协同增幅作用。也就是说，组织公平在勤勉与心理授权的关系中起调节作用。因此，假设 6-1 被接受。

根据图 3-7 中的分析结果，与低组织公平相比，高组织公平的直线斜率更陡。即在组织公平水平较低的情况下，预测热忱对心理授权有正向影响，心理授权随着热忱水平的提高而增加。在组织公平水平高的情况下，热忱对心理授权的正向影响更加突出，心理授权随着热忱水平的提高而显著增加。此外，在热忱对心理授权的影响过程中，在高组织水平的情况下，组织公平发挥对心理授权的更大的协同增幅作用。也就是说，组织公平在热忱与心理授权的关系中起调节作用。因此，假设 6-2 被接受。

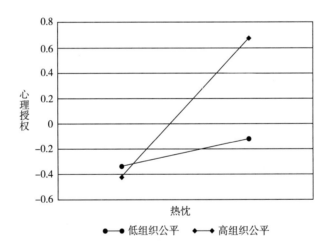

图 3-7 热忱和心理授权的关系中组织公平的调节效应

四、组织公平的调节中介效果检验

根据 Preacher 等（2007）和 Hayes（2015）提出的调节中介模型分析程序，本研究分析在不同水平的组织公平环境下，内隐追随与员工创新行为之间关系中领导—成员交换关系和心理授权的中介效应。运用 SPSS 的插件 Process 使用拔靴法（Bootstraping），就得到不同组织公平水平下，95%显著性水平的置信区间和领导—成员交换关系、心理授权的间接效应值。根据 Preacher 等（2007）和 Hayes（2015）的理论，判断是否存在调节中介效应有四个标准。第一，中介路径上的调节作用显著。第二，调节变量的均值加减一个标准差，得到高调节变量（M+1SD）和低调节变量（M−1SD）的两个水平。在这两个水平上，置信区间应该一个含 0，一个不含 0，这说明在不同水平的调节作用下，中介作用是不同的，可以检验有调节的中介效应。第三，调节中介效值应在 95%显著性水平上显著（置信区间中不包括 0）。第四，如果调节变量在 M+1SD 和 M−1SD 两个水平的置信区间中全不包含 0，则在 M+1SD 和 M−1SD 两个水平上获得的两个中介效应相减，如果此时置信区间不包含 0，则可以验证调节中介效应。

根据上述分析，因为假设 5−1 和假设 6−3 被拒绝，不满足 Preacher 等（2007）和 Hayes（2015）提出的第一个条件，因此无须分析后续的调节中介效应。在本研究中，内隐追随（热忱，好公民）和领导—成员交换关系之间的关系受组织公平的调节，并进一步影响员工创新行为（创意提出、创意推广、创意实施），详见表 3−24、表 3−25 和表 3−26。

表 3−24　内隐追随（热忱、好公民）→LMX→创意提出路径上组织公平的调节中介效应

条件			热忱→LMX→创意提出			好公民→LMX→创意提出		
			Effect	Boot SE	Bootstrap 95%CI	Effect	Boot SE	Bootstrap 95%CI
组织公平	间接效应	M−1SD	−0.0160	0.0138	[−0.0475，0.0064]	−0.0015	0.0129	[−0.0277，0.0248]
		M+1SD	0.1082	0.0284	[0.0541，0.1650]	0.1405	0.0319	[0.0799，0.2045]
	差异		0.1241	0.0359	[0.0584，0.2006]	0.1420	0.0335	[0.0803，0.2112]
	调节中介效应值（Index）		0.0621	0.0180	[0.0292，0.1003]	0.0710	0.0167	[0.0401，0.1056]

注：LMX＝领导—成员交换关系。

根据表 3−24，在热忱→LMX→创意提出路径上，当组织公平水平低（M−1SD）

时，置信区间包含 0 （Bootstrap 95%CI：［-0.0475，0.0064］）；当组织公平水平高 （M+1SD） 时，热忱通过领导—成员交换关系间接影响创意提出的间接效应值为 0.1082，置信区间不包括 0 （Bootstrap 95%CI：［0.0541，0.1650］）。为了进一步分析调节中介效应，验证调节中介指数 （Index of moderated mediation）。调节中介效应值为 0.0621，置信区间不包含 0 （Bootstrap 95% CI：［0.0292，0.1003］）。通过以上分析，验证了组织公平在热忱→领导—成员交换关系→创意提出路径中的调节中介作用。

在好公民→领导—成员交换关系→创意提出的路径上，当组织公平水平低 （M-1SD） 时，置信区间包含 0 （Bootstrap 95%CI：［-0.0277，0.0248］）。反之，当组织公平水平高时，好公民通过领导—成员交换关系对创意提出的间接影响值为 0.1405，置信区间不包括 0 （Bootstrap 95% CI ［0.0799，0.2045］）。为了进一步分析调节中介效应，验证调节中介指数 （Index of moderated mediation）。在 95% 的显著性水平下，调节中介效应值为 0.0710，置信区间不包含 0 （Bootstrap 95% CI：［0.0401，0.1056］）。通过上述分析，验证了组织公平在好公民→领导—成员交换关系→创意提出路径中的调节中介作用。

表3-25　内隐追随 （热忱、好公民） →LMX→创意推广路径上组织公平的调节中介效应

条件			热忱→LMX→创意推广			好公民→LMX→创意推广		
			Effect	Boot SE	Bootstrap 95%CI	Effect	Boot SE	Bootstrap 95%CI
组织公平	间接效应	M-1SD	-0.0256	0.0203	［-0.0706，0.0095］	-0.0018	0.0157	［-0.0341，0.0284］
		M+1SD	0.1738	0.0280	［0.1209，0.2307］	0.1685	0.0317	［0.1069，0.2305］
	差异		0.1994	0.0377	［0.1301，0.2775］	0.1703	0.0350	［0.1043，0.2423］
	调节中介效应值 （Index）		0.0997	0.0188	［0.0651，0.1388］	0.0852	0.0175	［0.0521，0.1212］

注：LMX=领导—成员交换关系。

根据表3-25，在热忱→领导—成员交换关系→创意推广路径上，当组织公平水平低 （M-1SD） 时，置信区间包含 0 （Bootstrap 95% CI：［-0.0706，

0.0095〕）；当组织公平水平高（M+1SD）时，热忱通过领导—成员交换关系间接影响创意推广的间接效应值为 0.1738，置信区间不包括 0（Bootstrap 95%CI：〔0.1209, 0.2307〕）。为了进一步分析调节中介效应，验证调节中介指数（Index of moderated mediation）。调节中介效应值为 0.0997，置信区间不包含 0（Bootstrap 95%CI：〔0.0651, 0.1388〕）。通过以上分析，验证了组织公平在热忱→领导—成员交换关系→创意推广路径中的调节中介作用。

在好公民→领导—成员交换关系→创意推广的路径中，当组织公平处于低水平（M-1SD）时，置信区间包含 0（Bootstrap 95%CI：〔-0.0341, 0.0284〕）。反之，当组织公平处于高水平时，好公民通过领导—成员交换关系对创意推广的间接影响值为 0.1685，置信区间不包括 0（Bootstrap 95%CI：〔0.1069, 0.2305〕）。为了进一步分析调节中介效应，验证调节中介指数（Index of moderated mediation）。调节中介效应值为 0.0852，置信区间不包含 0（Bootstrap 95%CI：〔0.0521, 0.1212〕）。通过上述分析，验证了组织公平在好公民→领导—成员交换关系→创意推广路径中的调节中介作用。

表 3-26 内隐追随（热忱、好公民）→LMX→创意实施路径上组织公平的调节中介效应

条件		热忱→LMX→创意实施			好公民→LMX→创意实施		
		Effect	Boot SE	Bootstrap 95%CI	Effect	Boot SE	Bootstrap 95%CI
组织公平	间接效应 M-1SD	-0.0189	0.0151	〔-0.0512, 0.0078〕	-0.0017	0.0148	〔-0.0315, 0.0276〕
	M+1SD	0.1280	0.0273	〔0.0744, 0.1819〕	0.1601	0.0322	〔0.0969, 0.2239〕
	差异	0.1468	0.0336	〔0.0836, 0.2168〕	0.1618	0.0340	〔0.0976, 0.2297〕
	调节中介效应值（Index）	0.0734	0.0168	〔0.0418, 0.1084〕	0.0809	0.0170	〔0.0488, 0.1148〕

注：LMX=领导—成员交换关系。

根据表 3-26，在热忱→领导—成员交换关系→创意实施路径上，当组织公平水平低（M-1SD）时，置信区间包含 0（Bootstrap 95%CI：〔-0.0512, 0.0078〕）；当组织公平水平高（M+1SD）时，热忱通过领导—成员交换关系间

接影响创意实施的间接效应值为 0.1280，置信区间不包括 0（Bootstrap 95%CI：[0.0744, 0.1819]）。为了进一步分析调节中介效应，验证调节中介指数（Index of moderated mediation）。调节中介效应值为 0.0734，置信区间不包含 0（Bootstrap 95%CI：[0.0418, 0.1084]）。通过以上分析，验证了组织公平在热忱→领导—成员交换关系→创意实施路径中的调节中介作用。

在好公民→领导—成员交换关系→创意实施的路径中，当组织公平处于较低水平（M-1SD）时，置信区间包含 0（Bootstrap 95%CI：[-0.0315, 0.0276]）。反之，当组织公平处于较高水平时，好公民通过领导—成员交换关系对创意实施的间接影响值为 0.1601，置信区间不包括 0（Bootstrap 95% CI [0.0969, 0.2239]）。为了进一步分析调节中介效应，验证调节中介指数（Index of moderated mediation）。调节中介效应值为 0.0809，置信区间不包含 0（Bootstrap 95% CI：[0.0488, 0.1148]）。通过上述分析，验证了组织公平在好公民→领导—成员交换关系→创意实施路径中的调节中介作用。

表 3-24、表 3-25、表 3-26 的分析结果验证了在内隐追随（热忱、好公民）→领导—成员交换关系→员工创新行为（创意提出、创意推广、创意实施）路径中，组织公平的调节中介作用。换句话说，内隐追随（热忱、好公民）和领导—成员交换关系之间的关系受组织公平的调节，这会进一步影响员工创新行为（创意提出、创意推广、创意实施）。因此，假设 7 得到了部分验证。

内隐追随（热忱、好公民）和心理授权之间的关系受组织公平的调节，这会进一步影响员工创新行为（创意提出、创意推广、创意实施）。详见表 3-27、表 3-28 和表 3-29。

根据表 3-27，在勤勉→心理授权→创意提出路径上，当组织公平水平低（M-1SD）时，置信区间包含 0（Bootstrap 95%CI：[-0.0299, 0.0360]）；当组织公平水平高（M+1SD）时，勤勉通过心理授权间接影响创意提出的间接效应值为 0.1561，置信区间不包括 0（Bootstrap 95%CI：[0.1016, 0.2155]）。为了进一步分析调节中介效应，验证调节中介指数（Index of moderated mediation）。调节中介效应值为 0.0745，置信区间不包含 0（Bootstrap 95% CI：[0.0453,

0.1096]）。通过以上分析，验证了组织公平在勤勉→心理授权→创意提出路径中的调节中介作用。

表3-27 内隐追随（勤勉、热忱）→PE→创意提出路径上组织公平的调节中介效应

条件			勤勉→PE→创意提出			热忱→PE→创意提出		
			Effect	Boot SE	Bootstrap 95%CI	Effect	Boot SE	Bootstrap 95%CI
组织公平	间接效应	M−1SD	0.0036	0.0166	[−0.0299, 0.0360]	0.0030	0.0150	[−0.0262, 0.0335]
		M+1SD	0.1561	0.0293	[0.1016, 0.2155]	0.1410	0.0278	[0.0897, 0.1997]
	差异		0.1490	0.0333	[0.0907, 0.2191]	0.1379	0.0306	[0.0833, 0.2040]
	调节中介效应值（Index）		0.0745	0.0167	[0.0453, 0.1096]	0.0690	0.0153	[0.0416, 0.1020]

注：PE=心理授权。

在热忱→心理授权→创意提出的路径中，当组织公平处于较低水平（M−1SD）时，置信区间包含0（Bootstrap 95%CI：[−0.0262, 0.0335]）。反之，当组织公平处于较高水平时，热忱通过心理授权对创意提出的间接影响值为0.1410，置信区间不包括0（Bootstrap 95%CI：[0.0897, 0.1997]）。为了进一步分析调节中介效应，验证调节中介指数（Index of moderated mediation）。调节中介效应值为0.0690，置信区间不包含0（Bootstrap 95%CI：[0.0416, 0.1020]）。通过上述分析，验证了组织公平在热忱→心理授权→创意提出路径中的调节中介作用。

表3-28 内隐追随（勤勉、热忱）→PE→创意推广路径上组织公平的调节中介效应

条件			勤勉→PE→创意推广			热忱→PE→创意推广		
			Effect	Boot SE	Bootstrap 95%CI	Effect	Boot SE	Bootstrap 95%CI
组织公平	间接效应	M−1SD	0.0041	0.0190	[−0.0337, 0.0414]	0.0032	0.0154	[−0.0266, 0.0340]
		M+1SD	0.1748	0.0297	[0.1184, 0.2351]	0.1475	0.0279	[0.0960, 0.2051]
	差异		0.1707	0.0346	[0.1084, 0.2445]	0.1443	0.0308	[0.0876, 0.2083]
	调节中介效应值（Index）		0.0853	0.0173	[0.0542, 0.1223]	0.0722	0.0154	[0.0438, 0.1042]

注：PE=心理授权。

根据表 3-28，在勤勉→心理授权→创意推广路径上，当组织公平水平低（M-1SD）时，置信区间包含 0（Bootstrap 95%CI：[-0.0337, 0.0414]）；当组织公平水平高（M+1SD）时，勤勉通过心理授权间接影响创意推广的间接效应值为 0.1748，置信区间不包括 0（Bootstrap 95%CI：[0.1184, 0.2351]）。为了进一步分析调节中介效应，验证调节中介指数（Index of moderated mediation）。在 95% 的显著性水平下，调节中介效应值为 0.0853，置信区间不包含 0（Bootstrap 95%CI：[0.0542, 0.1223]）。通过以上分析，验证了组织公平在勤勉→心理授权→创意推广路径中的调节中介作用。

在热忱→心理授权→创意推广的路径中，当组织公平处于低水平（M-1SD）时，置信区间包含 0（Bootstrap 95%CI：[-0.0266, 0.0340]）。反之，当组织公平处于高水平时，热忱通过心理授权对创意推广的间接影响值为 0.1475，置信区间不包含 0（Bootstrap 95%CI：[0.0960, 0.2051]）。为了进一步分析调节中介效应，验证调节中介指数（Index of moderated mediation）。调节中介效应值为 0.0722，置信区间不包含 0（Bootstrap 95%CI：[0.0438, 0.1042]）。通过上述分析，验证了组织公平在热忱→心理授权→创意推广路径中的调节中介作用。

表 3-29　内隐追随（勤勉、热忱）→PE→创意实施路径上组织公平的调节中介效应

条件			勤勉→PE→创意实施			热忱→PE→创意实施		
			Effect	Boot SE	Bootstrap 95%CI	Effect	Boot SE	Bootstrap 95%CI
组织公平	间接效应	M-1SD	0.0036	0.0169	[-0.0303, 0.0377]	0.0029	0.0140	[-0.0256, 0.0309]
		M+1SD	0.1536	0.0291	[0.0987, 0.2133]	0.1348	0.0285	[0.0793, 0.1900]
	差异		0.1499	0.0330	[0.0901, 0.2206]	0.1319	0.0315	[0.0738, 0.1969]
	调节中介效应值（Index）		0.0750	0.0165	[0.0450, 0.1103]	0.0660	0.0157	[0.0369, 0.0985]

注：PE=心理授权。

根据表 3-29，在勤勉→心理授权→创意实施路径上，当组织公平水平低（M-1SD）时，置信区间包含 0（Bootstrap 95%CI：[-0.0303, 0.0377]）；当组织公平水平高（M+1SD）时，勤勉通过心理授权间接影响创意实施的间接效应

值为 0.1536，置信区间不包括 0（Bootstrap 95% CI：[0.0987, 0.2133]）。为了进一步分析调节中介效应，验证调节中介指数（Index of moderated mediation）。调节中介效应值为 0.0750，置信区间不包含 0（Bootstrap 95% CI：[0.0450, 0.1103]）。通过以上分析，验证了组织公平在勤勉→心理授权→创意实施路径中的调节中介作用。

在热忱→心理授权→创意实施的路径中，当组织公平处于低水平（M-1SD）时，置信区间包含 0（Bootstrap 95% CI：[-0.0256, 0.0309]）。反之，当组织公平处于高水平时，热忱通过心理授权对创意推广的间接影响值为 0.1348，置信区间不包括 0（Bootstrap 95% CI：[0.0793, 0.1900]）。为了进一步分析调节中介效应，验证调节中介指数（Index of moderated mediation）。调节中介效应值为 0.0660，置信区间不包含 0（Bootstrap 95% CI：[0.0369, 0.0985]）。通过上述分析，验证了组织公平在热忱→心理授权→创意实施路径中的调节中介作用。

根据表 3-27、表 3-28、表 3-29 的分析结果，验证了在内隐追随（勤勉、热忱）→心理授权→员工创新行为（创意提出、创意推广、创意实施）路径中，组织公平的调节中介作用。换句话说，内隐追随（勤勉、热忱）和心理授权之间的关系受组织公平的调节，这会进一步影响员工创新行为（创意提出、创意推广、创意实施）。因此，假设 8 得到了部分验证。

整理本书中研究的假设，如表 3-30 所示。

表 3-30　研究假设分析整理

假设	是否接受
假设 1：内隐追随会显著影响员工创新行为	接受
假设 1-1：内隐追随（勤勉、热忱、好公民）会显著影响创意提出	接受
假设 1-2：内隐追随（勤勉、热忱、好公民）会显著影响创意推广	接受
假设 1-3：内隐追随（勤勉、热忱、好公民）会显著影响创意实施	接受
假设 2：领导—成员交换关系在内隐追随和员工创新行为之间的关系中发挥中介作用	接受
假设 2-1：领导—成员交换关系在内隐追随（勤勉、热忱、好公民）和创意提出之间的关系中发挥中介作用	接受

假设	是否接受
假设 2-2：领导—成员交换关系在内隐追随（勤勉、热忱、好公民）和创意推广之间的关系中发挥中介作用	接受
假设 2-3：领导—成员交换关系在内隐追随（勤勉、热忱、好公民）和创意实施之间的关系中发挥中介作用	接受
假设 3：心理授权在领导者内隐追随和员工创新行为之间的关系中发挥显著的中介作用	接受
假设 3-1：心理授权在内隐追随（勤勉、热忱、好公民）与创意提出的关系中发挥显著的中介作用	接受
假设 3-2：心理授权在内隐追随（勤勉、热忱、好公民）与创意推广的关系中发挥显著的中介作用	接受
假设 3-3：心理授权在内隐追随（勤勉、热忱、好公民）与创意实施的关系中发挥显著的中介作用	接受
假设 4：领导者内隐追随通过领导—成员交换关系和心理授权的链式中介作用影响员工创新行为	接受
假设 4-1：内隐追随（勤勉、热忱、好公民）通过领导—成员交换关系和心理授权的链式中介作用影响创意提出	接受
假设 4-2：内隐追随（勤勉、热忱、好公民）通过领导—成员交换关系和心理授权的链式中介作用影响创意推广	接受
假设 4-3：内隐追随（勤勉、热忱、好公民）通过领导—成员交换关系和心理授权的链式中介作用影响创意实施	接受
假设 5：组织公平在内隐追随和领导—成员交换关系之间发挥显著的调节作用	部分接受
假设 5-1：组织公平在勤勉和领导—成员交换关系之间发挥显著的调节作用	拒绝
假设 5-2：组织公平在热忱和领导—成员交换关系之间发挥显著的调节作用	接受
假设 5-3：组织公平在好公民和领导—成员交换关系之间发挥显著的调节作用	接受
假设 6：组织公平在内隐追随和心理授权之间发挥调节作用	部分接受
假设 6-1：组织公平在勤勉和心理授权之间发挥调节作用	接受
假设 6-2：组织公平在热忱和心理授权之间发挥调节作用	接受
假设 6-3：组织公平在好公民和心理授权之间发挥调节作用	拒绝
假设 7：领导者内隐追随和领导—成员交换关系之间的关系受组织公平的调节，这会进一步影响员工创新行为	部分接受
假设 7-1：内隐追随（勤勉、热忱、好公民）和领导—成员交换关系之间的关系受组织公平的调节，这会进一步影响创意提出	拒绝
假设 7-2：内隐追随（勤勉、热忱、好公民）和领导—成员交换关系之间的关系受组织公平的调节，这会进一步影响创意推广	接受

续表

假设	是否接受
假设 7-3：内隐追随（勤勉、热忱、好公民）和领导—成员交换关系之间的关系受组织公平的调节，这会进一步影响创意实施	接受
假设 8：内隐追随和心理授权之间的关系受组织公平的调节，这会进一步影响员工创新行为	部分接受
假设 8-1：内隐追随（勤勉、热忱、好公民）和心理授权之间的关系受组织公平的调节，这会进一步影响创意提出	接受
假设 8-2：内隐追随（勤勉、热忱、好公民）和心理授权之间的关系受组织公平的调节，这会进一步影响创意推广	接受
假设 8-3：内隐追随（勤勉、热忱、好公民）和心理授权之间的关系受组织公平的调节，这会进一步影响创意实施	拒绝

第六节　研究结论和意义

一、研究结论

内隐追随是引起学术界广泛关注的研究热点，这一研究为我们理解组织内的领导力发生及其下属追随过程提供了途径（Sy，2010；Shondrick and Lord，2010；Whiteley et al.，2012；Epitropaki et al.，2013）。本研究以我国 50 家大中型企业的 458 位领导及其配对下属为调查对象，通过实证分析验证了领导者内隐追随与员工创新行为的影响机制，验证结果总结如下：

第一，通过实证分析证实了领导者内隐追随对员工创新行为具有正向（+）效应，这一结果与王弘钰和李云剑（2017）、祝振兵等（2017a）、王惊（2019）等的研究结果一致。研究证实当领导者对下属的特质具有积极期望时，会促进员工创新行为的产生。具体来说，作为领导者内隐追随的子变量勤勉、热忱和好公民，对员工创新行为的各子变量产生显著的积极影响。内隐追随对创意提出的影响过程是员工创新行为的一个细分，领导者对下属勤勉特质的期待最大程度上影响下属提出创意，领导者对下属热忱特质的期望对员工推广和实施创意产生更大影响。这说明领导者心目中感知到的下属的勤勉特质可以促使员工提出创意，而领导者心目中感知到的下属的热忱特质可以促进员工推广和实施创意。因此，企业为了促进员工创新行为，偏向于选择对下属有积极期望的领导者。在培养下级组织的领导者时，强调其对下属积极认知方面知识的培养。

第二，上述结果表明，领导者与下属的交流关系是影响领导者内隐追随对员工创新行为影响过程的重要因素。详细来说，领导—成员交换关系在领导者内隐追随各子变量与员工创新行为各子变量之间的关系中起部分中介作用，假设 2 被接受。改善领导者与下属成员的交换关系可以增强领导者内隐追随对员工创新行为的影响效果。领导者对下属特质的积极期望会导致领导者对下属更加关心和信任，领导者将满足其期望的下属视为"圈内人"，而下属则愿意进一步与领导者建立积极的情感联系，会愿意采取更多的角色外行为来回报领导者的关心和信任（Hoption et al.，2015），当下属感受到与领导更好的交换关系时，他们会提高自己的创新行为以促进企业创新。

第三，本研究发现，在领导者内隐追随对员工创新行为的影响关系中，心理授权发挥中介作用。具体来说，心理授权在领导者内隐追随的各子变量与员工创新行为的各子变量之间的关系中起部分中介作用，所以假设 3 被接受。领导者对下属的积极期待可以改善员工的心理授权，进而提高员工创新行为。换言之，这证明内隐追随的角色过程会影响下属的心理授权，领导者通过下属心理授权形成的组织情境影响下属并进行人力资源管理。因此，企业组织应帮助下属投入自己的角色中，努力增强下属的心理授权水平。

第四，研究结果证实领导—成员交换关系和心理授权在领导者内隐追随对员工创新行为影响机制中起链式中介作用，假设 4 被接受。具体来说，在领导者内隐追随的各子变量对员工创新行为的各子变量的影响关系中，领导—成员交换关系和心理授权发挥正向的链式中介作用。通过领导—成员交换关系和心理授权的链式中介作用，领导对下属特征的积极期望可以促使员工创新行为的提高。这是因为领导者对其下属特质的积极期望可以使下属成为"圈内人"，从而增强下属的心理授权，这有利于提高员工创新行为。

第五，研究结果表明，组织公平在领导者内隐追随的子变量热忱、好公民与领导—成员交换关系之间的关系中具有显著的调节作用，假设5被部分接受。组织公平在领导者内隐追随（热忱、好公民）对领导—成员交换关系影响过程中起调节作用，当组织处于较高组织公平水平时，领导者内隐追随对领导—成员交换关系的影响大于组织公平水平低的情况。由于组织公平在领导者内隐追随的子变量勤勉、热忱和心理授权之间的关系中起着重要的调节作用，假设6被部分接受。当组织公平水平高时，与组织公平水平低的情况相比，领导者内隐追随对心理授权的影响更大。

组织公平的调节作用分别影响领导者内隐追随（热忱、好公民）与领导—成员交换关系，领导者内隐追随（勤勉、热忱）与心理授权之间的关系，进而影响员工创新行为，假设7和假设8被部分接受。在高组织公平水平情景下对员工创新行为有正向影响，当下属对组织公平的感知度高时，下属对自己与领导的关系会有更积极的认知，增进下属的心理授权，进而提高员工创新行为。与之相反地，当组织公平感较低时，领导者关于下属特征的期望对员工创新行为的影响也较低。

二、研究意义

本研究对企业管理实践具有重要意义。第一，因为领导者内隐追随与员工创新行为显示出明显的正相关，所以在目前动态多变的市场环境中，员工创新对于组织获得可持续的竞争优势非常重要。为了进一步促进员工创新行为，组织可以有偏向地选择对下属特质有积极期待的领导者。

第二，领导者积极内隐追随通过领导—成员交换关系影响下属行为。领导者是组织代言人，应该重视下属的幸福感，为下属提供参与领导沟通、制定政策、做出贡献的机会。领导者通过与下属建立高水平的交换关系提高下属的绩效。

第三，本研究验证了心理授权在领导者内隐追随对员工创新行为影响过程中的中介作用。下属不同水平的心理授权会影响下属对领导者态度和行为的理解，并由此产生不同后果，导致下属产生不同的感受。领导者积极内隐追随在中国企业管理中的作用受下属心理授权水平的影响，这提示企业在人力资源管理中组织应该重视下属对领导者的感情。

第四，在领导积极内隐追随和领导—成员交换关系中，组织公平感知水平高的下属比组织公平感知水平低的下属更被认为是"看起来好"的下属，他们被发展成为"圈内人"，并与领导者形成更高层次的交流。在领导积极内隐追随与心理授权的关系中，组织公平感知水平高的下属比组织公平感知水平低的下属心理授权水平更高，容易激发员工创新行为。下属对组织公平的认知会影响他们对领导积极内隐追随的理解，并且由于下属对领导的感受不同，会导致不同的结果。这说明组织所进行的人力资源管理实践不是无条件发生的，而是由下属感知的组织公平的组织情境所决定的，组织公平是领导与下属互动的关键。如果下属有较高的组织公平意识，就可以增加创新意愿，促进员工创新行为。因此，领导者必须让下属感受到组织是公平的，并通过实际行动激励下属，对下属的工作表现给予适当的奖励。此外，领导者应该积极与下属保持顺畅的沟通关系，提出工作中的问题和要求，与下属形成良好的社会交往，提高下属的心理授权水平，激发下属的创新意愿，促进员工创新行为的提升。

三、研究局限

Lord 和 Brown（2003）指出，研究内隐追随为研究下属心理机制指出了新的角度，为理解组织中领导力和下属追随过程提供了重要途径。本研究的创新点是保证研究设计的严谨，采用纵向研究设计，最大程度上避免共同方法偏差，这使得研究结果更加真实可靠。当然，本研究仍存在一定的局限性。

第一，本研究采用的大部分量表是在西方组织背景下发展起来的。虽然此量表被中西方学者广泛采用，但是如果采用中国情境下研发的量表可能更符合本土实际情况。

第二，本研究中调查对象为自行选择，这可能限制了本研究的外部效度，后续可以进行更广泛的研究。

　　第三，在测量员工创新行为时，本研究采用下属自评方法收集数据。尽管这种方法在研究中经常使用（Park et al.，2016），但选择第三方评估的方法有助于提高研究结果的可靠性。

第四章　基于认知差异的领导者内隐追随影响机制研究

第一节　问题提出

在企业中，领导者和下属是互相依赖的，他们的责任都是为了达到公司的目的。然而，在传统的组织理论中，多数学者都把领导角色视为关键，并强调了领导的绝对支配地位。随着时间的推移和研究的不断深化，人们逐渐认识到如何在领导与下属之间取得良好的关系，是一种衡量企业经营技术成熟程度的标准（Hackman and Wagemen，2007）。社会认知理论认为领导者对下属的认知是基于领导者心中对下属认知图式的思维方式，领导者根据心中固有的认知图式分析和识别下属，在此过程中，重点关注的是领导的认知加工，而不是下属的实际效率。在企业中，领导者会将下属和他们心中的下属进行比较，辨别他们之间的区别，并以此判断他们是否是合格的下属。如果下属特质与行为符合领导者内隐追随，则会激发领导者对下属更多的喜爱和关心，领导者会给予下属更多的信任和资源倾斜。当下属员工的实际追随与追随原型不吻合且差异较大的时候，会造成领导对下属的不满意和疏远。

内隐追随是由内隐领导理论发展起来的。刘新民（2013）指出，内隐追随是领导者在潜意识中以过去的经历为基础形成的内隐追随原型与下属相比较而产生的差别。内隐追随实质上是一种主体性的行为预期，即由领导者与下属基于其已有的知识与经历而形成的追随原型，既包含了领导对下属追随特性的假定，也包含下属对自身特质的假设。它是一种与下属真实跟随特性相匹配的过程，旨在确定理想的下属（Epitropaki et al.，2013）。根据内隐追随的这种功能，如果下属的实际追随特征与领导原型相符，则表明其实际工作业绩符合领导者对下属的角色期待。基于原型匹配视角，当下属实际追随特质与领导者内隐追随相契合时，下属员工会表现出更多的心理授权，进而影响员工行为。

目前，学界关于内隐追随的研究主要集中在对内隐追随的概念、作用、后果以及中国情境下内隐追随维度的开发等方面，还没有关于内隐追随认知差异的研究。因为领导者内隐追随认知差异的不同，当下属员工做出某个行为时，不同的领导者对下属行为的理解和后续反应也不同。因此，提高员工创新行为的一个重要因素就是要厘清领导者心目中对追随原型和现实中下属实际追随的认知差异，并厘清这种认知差异与促进员工创新行为之间的关系。

员工创新行为对于员工个体和组织都极为重要，它不仅是员工个体绩效的重要组成部分，同时也是组织创新的重要基础，是提升组织绩效和竞争力的关键一环。由于全球经济竞争加剧和组织内外部环境的复杂化，越来越多的企业领导者认识到创新对企业生存发展的重要性。员工创新行为过程受员工个体特征、领导、同事、组织内部和外部环境等因素影响。判断组织中员工创新行为的影响因素，尤其是研究其在企业内部的作用机理，无论在理论上还是在实际工作中都具有十分重要的作用。

内隐追随认知差异在组织中是普遍存在的，它能否影响领导者的态度和行为，进而影响到员工创新行为呢？如果影响，又是通过何种机制影响员工创新行为？这些是值得我们深入探讨的问题。因此，本研究在梳理现有文献的基础上，在中国企业组织情境中探讨内隐追随认知差异对员工创新行为的影响及其作用机制，具有一定的现实意义。

本书试图通过对内隐追随认知差异的探讨，来回答下列问题：①内隐追随认知的差异会对员工创新行为产生怎样的影响？②对员工创新行为产生影响的情况，其机制如何，在何种情况下作用效果较强？③内隐追随认知差异对员工创新行为的影响机制中，心理授权是否起到中介作用？本书将基于社会分类理论和皮格马利翁效应构建理论模型，研究内隐追随认知差异对员工创新行为的影响机制。

第二节　理论基础与研究假设

一、追随原型与实际追随特质：区别与联系

领导者内隐追随是领导者对下属特性的认知图式，它反映了关于"下属应具备什么特性"的假设，其关键维度是领导者内隐追随原型，即领导者关于下属特性的积极期待（彭坚和王霄，2015；王震和彭坚，2017）。下属的追随特性是指下属的实际追随力（Actual Followership），区别于领导者认知层面的追随原型，是下属在实际追随过程中展现出的真实的、客观的、可直接观测的心理素质（彭坚等，2016a）。下属的实际追随特质也有积极、消极两个维度。本研究关注积极的心理因素，关注下属的积极情感，工作中的优秀能力和道德上的高尚品德。领导者追随原型和下属实际追随特征之间，既有关联，也有区别。特别是，追随原型可以根据已有认知图式辨识下属是否吻合。由于这个特性，领导会根据自己的想法，把自己理想的追随原型和下属真实的追随特征相结合，从而形成对下属的印象（Epitropaki et al. , 2013；Sy, 2010）。当前，许多学者都基于积极心理学视角，探讨追随原型的辨识作用，结果表明："追随原型"与"下属追随特性"的匹配程度越高，下属就越能满足领导者的要求和标准，这不仅有利于领导者和下属之间信任和关系的发展（Van Gils et al. , 2010），而且能够激励领导者的仁慈行为与授权行为（Wang and Peng, 2016；彭坚等，2016a）。当前学术界大多从追随原型与实际追随特质匹配的角度展开研究，还没有从内隐追随认知差异的角度

分析其作用后果。根据内隐领导理论，内隐追随认知差异是指领导者会在无意识中拿自己的下属与基于过去的经验在社会化过程中形成的内隐追随原型进行比较而形成的差异。社会认知理论认为领导者对下属的认知是一种信息加工过程，根据领导者心目中对下属原有的认知图式对下属员工进行分析判别，并在这个过程中强调领导者的认知加工而非下属员工的实际效能。在组织中，领导者会把下属员工与心目中的下属做比对，自己的下属员工是否具备合格下属所应具备的特质，是否做出了有效的追随行为。当下属员工的实际追随行为与领导者心目中的追随原型相吻合时，就会激发领导者对下属更多的喜爱和关心，领导者会给予下属更多的信任和资源倾斜。当下属员工的实际追随与追随原型不吻合且差异较大时，则会导致领导者对下属的不满和疏离。本研究从内隐追随认知差异的视角探究其后果变量及作用机制。

二、内隐追随认知差异与员工创新行为

员工创新行为是一个由产生新创意、推广新创意到执行新创意三个阶段组成的动态过程（Scott and Bruce，1994）。领导者与下属之间的积极追随原型越接近，内隐追随认知差异越小，对员工创新行为越具正向效应。首先，在激励员工实施创新行为时，领导者的角色预期与创新支持是关键要素（Scott and Bruce，1994）。Sy（2000）指出，具有积极追随原型的领导者对下属具有正向的角色预期，其对下属的绩效预期、喜欢程度、领导—成员交换关系的评估均有所提高，继而在工作中对下属的支持程度更高、分配的工作更具挑战性、给下属的学习机会更多（Whiteley et al.，2012；孔茗等，2015），领导者的喜爱和支持可以有效提高下属的自信心和创新自我效能，这是影响员工创新行为的重要原因（Tierney and Farmer，2011）。其次，具有积极追随特征的下属在工作中不但会尽心尽力地做好自己的工作，还会寻求新的方法，提出新的想法，并实施新的想法（Derler and Weibler，2014）。而这些"角色外"的下属行为契合了领导者对下属的期望，引发领导者心中"好员工""意中人"之类的正面观念（Bargh et al.，1996）。皮格马利翁效应指出增强领导者对下属的正面期望，会给予下属更多的信任、喜

欢和支持，领导者的正面态度和行为会促进员工创新行为的产生。

当领导者的积极追随原型与下属不一致，即内隐追随认知差异较大时，在工作中领导者和他的下属之间无法产生良好的交流。在领导者积极追随原型水平高，而下属的追随原型水平低时，会对员工创新行为产生负面影响。从积极追随原型的解释功能可以看出，下属趋向于表现符合领导者内隐追随结构的追随行为。如果下属的实际追随行为比领导者的期待更低，会减弱领导者对下属的期望、喜爱和支持，进而阻碍下属提出、推广和实施新的想法。此外，在下属具有较低期望的情况下，会更容易只做自己分内的工作，不会表现出提出、实施新想法等探索性的行动（Derler and Weibler，2014）。在领导者积极追随原型比下属低的情况下，下属的积极追随原型对其创新行为具有正向预测作用（王弘钰和李云剑，2017）。当领导者对下属有较低期望和喜爱水平时，会较少为下属创新提供支持，这会削弱下属创新的积极性，无法对员工创新行为产生促进作用。

基于上述理论，本研究提出如下假设：

假设1：内隐追随认知差异对员工创新行为有显著的负向预测作用。

三、心理授权的中介作用

随着国际间竞争的激烈和企业发展步伐的加快，人们对员工的创造力提出了更高的要求。因此，学术界日益关注企业下属的心理授权。Spreitzer（1995）指出，下属对工作感知的不同，即下属不同的心理授权水平会影响行为。自我决定理论（Deci and Ryan，1985）指出下属对领导者内隐追随的认知随其心理授权水平的不同而有所差异，下属因其心理授权水平不同会对领导者有不同的看法。如果下属对待工作有更多决策权和自主性，他们会更积极地对待工作，继而提高绩效产出（Liden et al.，2000）。Spreitzer（1995）认为，心理授权属于内在动机的范畴，体现了工作前瞻性趋势和控制力。个体内在动机是推动其创造力产生的要因，从某种程度上说，员工创新行为属于下属角色外行为，需要下属不断自我激励，付出更多角色外的努力才能推动创新行为的产生。本研究从内部动机的角度研究心理授权和员工创新行为之间的关系。Conger 和 Kanungo（1988）认为，下属高心理授权能够提升其自我效能感和工作意义感，不仅能增强其对工作自主性、影响力的感受，还能增强下属对组织的归属感。这些都促使下属工作更加积极、努力，以提高工作效率，更具创新精神，更有可能以创新行为来回馈组织。而自我决定理论指出个体具有自主决策的能力和信心，并相信自己可以对其行动的过程和结果做出判断。当领导者的内隐追随被确立并被激活时，就会引发不同的相关观念，从而引发相应的行为（Epitropaki and Martin，2004）。

　　首先，如果领导者和下属内隐追随原型一致，则表明他们在领导者和下属互动过程中已经达成了角色认知的一致。在这种情况下，下属可以在工作中体会到诸如愉悦感、满意感之类的正面情绪（Gross et al.，1958），从而形成对工作的控制感、胜任感，最终提高工作动力。其次，追随原型是一种认知模式，当领导者追随原型与下属的追随行为一致时，领导者与下属拥有共同认知视角。从共同认知视角出发，下属可以准确地了解领导的思维框架（Edwards and Able，2009）和期望。这样可以使下属在工作中走得更远，更有效地完成工作，激发下属为领导分担压力而做更多的工作。最后，在"追随原型"的释义作用（Sy，2010）中，具有与领导者追随原型相一致的下属可以了解并预测领导者的行为，领导者也会更加理解下属，从而降低了双方交流过程中的不确定性，促进了交流和协作（Coyle and Foti，2015）。良好的交流和协作有助于下属从领导那里得到较多的资源和支持（Zhang et al.，2012），领导者给予的资源和支持帮助下属在职责范围内更高效地完成任务。而当领导者角色期望和下属行为之间存在较大差异时，双方更易发生矛盾和分歧（Coyle and Foti，2015）。在这种情况下，下属不但要耗费巨大的精力和资源来处理矛盾和分歧（Matta et al.，2015），还会产生诸如紧张、不愉快和焦躁等负面情绪（Bashshur et al.，2011），这会影响到下属角色内和角色外的行为。此外，预期的不同还会使得双方的交流过程变得不确定，使得领导更重视自己的利益（Todd et al.，2015），减少对下属的工作资源投入。同时，对下属来说，领导给予的资源越少，其工作表现越差。根据皮格马利翁效应，在领导者内隐追随认知差异不明显时，领导者会传达给下属更加正面的期望，以肯定的态度和行动对待下属，给予下属更多信任和喜爱，关心和授权

（Junker and van Dick，2014；彭坚和杨红玲，2015）。这些会引发下属更高的心理授权和创新行为，以此来回馈领导者积极的态度和行为，最终实现领导者的期望。换言之，领导者的正面期待可以促使下属表现出更加积极的工作行为（Carsten and Uhl-Bien，2012）。拥有高积极内隐追随的领导者对下属的角色期待也是正面和积极的（Whiteley et al.，2012），而拥有高追随特质的下属则显示出出色的工作能力、高洁的道德品质及正面的情绪素质。在领导者内隐追随与下属追随特质之间相匹配时，也就是说内隐追随认知差异小时，下属的积极追随行为能满足领导者对下属的角色期望，成为领导者心目中的"意中人"（孔茗和钱小军，2015）。下属表现满足领导者期望时，领导者会对下属有更多信任和授权（Hakimi et al.，2010）。相反，如果领导者与下属内隐追随不匹配，内隐追随认知差异较大，则会导致下属无法满足领导者期望，引发其不满，降低其对下属的信任度（Epitropaki and Martin，2005），这会导致领导者拒绝或减少向下属授权的行为。

Spreitzer 等（1995）发现心理授权对员工创新行为有积极影响，心理授权水平提高会促进员工创新行为。心理授权对员工创新行为有明显的正向预测作用，心理授权的四个子变量解释员工创新行为 49.1%的变异量（刘耀中，2008）。

因此，本研究提出如下假设：

假设 2：在积极的内隐追随认知差异与员工创新行为关系中心理授权发挥中介作用。

四、个人—组织匹配的调节作用

个人—组织匹配源于个人与组织的匹配，即个人与组织文化、价值观等的协调，包含了个人与组织价值观的匹配、需求与供给的匹配、要求与能力的匹配（Kristof，1996）。个人—组织匹配理论认为，企业的核心价值观、晋升机制、下属的价值观以及需求等都会对其员工行为产生影响。研究证明，个人与组织的匹配程度较高时，其工作投入水平也较高（王元元等，2018），同时具有较高的任务绩效和创新绩效（姜道奎等，2018）。个人—组织匹配度高的下属对工作环境的感知远高于低匹配者，因此，个人—组织匹配对下属的心理授权有一定影响。如果个体与组织之间的价值观高度一致，那么下属就会对组织的价值观和工作观产生认同。当组织给下属创造了一个愉快的氛围，例如周年庆典、生日聚会等，下属就会把这种活动视为组织的"欢乐文化"，传达出企业的人文关怀。授权理论认为，工作情境直接影响授权（Conger and Kanungo，1988；Spreitzer，1996）。即使在相同的组织环境中，不同的个体对授权的理解也不尽相同。被授权者倾向于对自己的工作持肯定态度，并尝试对工作环境产生影响（Spreitzer，1999）。那些与组织匹配度高的下属往往有独特的心理感受，他们能更好地了解组织的需求，并且认识到组织可以给他们更多的资源和支持，因此他们会做出积极的行动以期符合组织需求（Gregory，2010）。所以，个人—组织的匹配是一个潜在的影响因素。Spreitzer（1996）研究发现影响心理授权的因素来自以下方面：组织的任务、绩效、信息渠道、业绩奖励、强有力的社会和政治支持、较低的角色模糊性、参与性的工作氛围。因此，我们判断个人—组织匹配是影响心理授权的潜在影响因素之一。

由此，本研究提出如下假设：

假设3：在内隐追随认知差异与员工心理授权关系中个人—组织匹配起调节作用。

个人与组织的匹配水平会对下属新想法的产生、推广和实施有一定影响，与组织相匹配的下属会得到更多的支持，进而表现出创造性行为。并且个人—组织匹配的三个子变量对员工创新行为都有不同程度的影响（Amabile，1997）。基于互惠原理，个人与组织之间的匹配能够激励下属进行创新行为以回报组织（Eisenberger，2001）。在内部动机的作用下，个体—组织的匹配能够促进员工创新行为（Shin and Zhou，2003）。孙健敏和王震于（2009）对个人—组织匹配和员工创新行为的关系进行了探讨，发现下属与组织价值观匹配度对创意产生影响较大，而对创意执行效果则不明显。此外，要求—能力匹配也会对创意产生及执行有明显影响。基于社会交换理论，组织为其下属提供所需的资源，那么下属也会对组织表现出较高的忠诚度，做出更多的承诺，以创新行为来回馈组织。创新行为是人和环境相互作用的产物（Woodman，1993），许多研究证明，人与环境之间的互动会对下属创造力产生积极的影响（Oldham and Cummings，1996；Zhou and George，2001），下属与组织环境契合是提高其创造力的一个重要前提。Choi（2004）以学生为研究对象，发现个人的期待与能力对其创新行为的影响较大，而环境的供给与需求对创新行为的影响并不明显。基于上述研究，杜旌和王丹妮（2009）把集体主义价值观设为调节变量后研究表明，需求—供给匹配、需求—能力匹配对员工创新行为影响显著，环境因素对具有高集体主义价值的个体创造力影响更为显著。

从总体上看，个人—组织匹配对员工创新行为有明显的积极影响。个人—组织匹配对员工创新行为的影响，通过心理授权的中介作用得以加强（杨英和李伟，2012）；在能力—需求匹配方面也证实了个体—组织匹配对员工创新行为有促进作用（Bunce and West，1994；Janssen，2000）。从个人—环境的互动方面来看，个人与组织之间的价值观匹配对下属新想法的产生具有明显影响，而对于新思想的实施则没有明显的影响；个人能力与工作要求之间的匹配和新想法的产生与执行有显著的正向关系；供应—需求匹配对新创意的产生和执行没有明显的影响（王震和孙健敏，2010）。此外，个人与组织的要求—能力、供给—需求的匹配都会对员工创新行为产生正面影响。中庸思维和组织差序氛围的调节作用会对员工创新行为产生更大的影响。

因此，本书还可以通过一种具有调控的中介效应模式来进行。特别是，在心理授权中，管理者的正面内隐跟随认知的不同，会对其创造力产生一定的影响。然而，这种中介角色的强弱与雇员的个体—组织匹配程度有关。

本研究提出有调节的中介效果模型。详细来讲，在领导者和下属积极内隐追随认知差异对员工创新行为的影响过程中，而中介作用的程度取决于下属的个人—组织匹配水平。基于以上阐述，本研究提出如下假设：

假设4：个人—组织匹配调节了心理授权对内隐追随认知差异与员工创新行为的中介作用。

根据理论研究,本研究构建的概念模型见图 4-1:

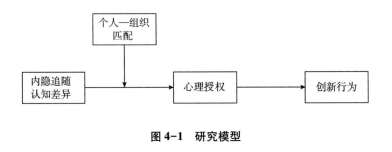

图 4-1 研究模型

第三节 研究样本和研究方法

一、研究样本

为了避免共同方法偏差,本研究采用领导—员工 1∶1 配对的方式发放问卷、收集数据。发放调查问卷之前先在北京、上海、山东、江苏、河北、河南等地 35 家大中型企业中每家企业选定一名联络人,每名联络人在本单位联系能够填写问卷的 10 位领导及其配对下属,共发放了 350 对问卷。调查分两个阶段进行,第一阶段在 2020 年 10 月,除填写人口统计学信息外,还需要领导者评价领导者的积极内隐追随,下属评价下属的追随特质;第二阶段在 2020 年 12 月,向完成第一阶段调查的下属发放问卷。下属评价其心理授权、员工创新行为、个人—组织匹配。最终回收 268 份有效问卷,样本详细信息如下:在领导者样本中,男性占 60.4%,77.6% 的领导者年龄在 31~50 岁,56.0% 的领导者学历为本科,44.0% 的领导者与下属共事时长为 1~3 年;在下属样本中,男性占 56.0%,86.6% 的下属年龄在 40 岁以下,收入水平在 2000~5000 元的下属占大多数(61.9%)。268 名领导者及其配对下属的特征如表 4-1 所示。

表4-1　样本的人口统计学特征

调查对象	特性		人数（%）	特性		人数（%）
领导者	性别	男	162（60.4）	年龄	20~30岁	4（1.5）
					31~40岁	111（41.4）
		女	106（39.6）		41~50岁	97（36.2）
					50岁以上	56（20.9）
	最终学历	高中及以下	32（11.9）	与下属共事时长	6个月~1年	42（15.7）
		大专	62（23.1）		1~3年	118（44.0）
		本科	150（56.0）		3~6年	78（29.1）
		硕士及以上	24（9.0）		6年及以上	30（11.2）
下属	性别	男	150（56.0）	年龄	20~30岁	117（43.7）
					31~40岁	115（42.9）
		女	118（44.0）		41~50岁	36（13.4）
					51岁及以上	0（0）
	最终学历	高中及以下	24（9.0）	月薪	2000元以下	12（4.5）
		大专	80（29.9）		2000~5000元	166（61.9）
		本科	111（41.4）		5000~10000元	53（19.8）
		硕士及以上	53（19.8）		10000元及以上	37（13.8）

二、变量测量

本研究使用李克特5分量表衡量变量，按照程度由低到高分别赋"1"分到"5"分。

内隐追随认知差异：本研究分别测量领导者内隐追随原型、下属追随特质，并使用两者差的绝对值来测量两者的匹配情况。领导者内隐追随原型使用 Sy（2010）研制的内隐追随原型量表进行测量，要求领导者使用9个正面词语对期待的下属特点进行评价。根据彭坚等（2016a）的研究方法，同样使用 Sy（2010）开发的内隐追随原型量表来测量下属的追随特质，要求下属评价这些词语在多大程度上符合其实际情况。

员工创新行为：使用 Jassen（2000）研制的9个题项的员工创新行为测量问卷，通过员工自评的方法进行测量，样题如"本人在工作中常常使用独创的方法来解决问题"。

心理授权：使用 Spreitzer（1995）编制的 12 个题项的心理授权量表。由员工进行自我评价。样题如"我所做的工作对我来说非常有意义"。

个人—组织匹配：采用 Cable 和 DeRue（2002）研制的 9 题项量表，包含三个子变量：价值观匹配、需求—供给匹配、能力—要求匹配。样题如"我个人和组织的价值观很相似"。

三、分析方法

本书以先行研究为基础设定变量，通过实证分析验证变量间关系。第一，使用 AMOS 24.0 进行验证性因子分析，获得变量之间的收敛效度和区分效度；第二，使用 SPSS 24.0 对各变量进行描述性统计，得出变量间的相关系数；第三，运用层次分析法和 Bootstraping 验证相关假设。

第四节　数据分析与结果

一、变量的信度检验

本研究在进行假设验证之前，进行了因子分析以检查测量工具是否准确可靠。探索性因子分析（EFA）主要用于找出多元观测变量的本质结构，并进行降维处理。本研究通过 SPSS 24.0 进行探索性因子分析，并检测变量的 KMO（Kaiser-Meyer-Olkin）值用于比较变量间的相关性。因子载荷量表示变量的重要程度，删除因子载荷量为 0.5 以下的题项，以此提高变量的 KMO（Kaiser-Meyer-Olkin）值。KMO 值表明变量之间的相关性被其他变量解释的程度，该值必须高于 0.6 才能说明对因子分析的变量选择良好。

信度（Reliability）即为可靠性，信度分析是与测量结果的一致性、准确性、可靠性、稳定性和可预测性有关的概念，是指对同一概念进行重复测量时获得相同测量值的可能性。信度分析包括重测信度法、复本信度法、折半信度法和 α 信度系数法。用 α 系数评价测量工具各题项得分间的一致性，α 系数最好在 0.8 以上，在 0.7~0.8 也是可以接受的。本研究设置的变量的探索性因子分析和信度分析结果见表 4-2。

表 4-2　变量的探索性因子分析和信度分析

变量		因子载荷值	特征根	累计方差说明率（%）	Alpha if Item Deleted	Cronbach α	KMO
领导者内隐追随	LIFT1	0.724	4.334	72.448	0.846	0.864	0.854
	LIFT2	0.609			0.857		
	LIFT3	0.727			0.845		
	LIFT4	0.684			0.850		
	LIFT5	0.646			0.854		
	LIFT6	0.773			0.841		
	LIFT7	0.707			0.848		
	LIFT8	0.674			0.851		
	LIFT9	0.689			0.849		
下属追随特质	EIFT1	0.721	3.620	64.300	0.775	0.806	0.815
	EIFT2	0.646			0.791		
	EIFT3	0.631			0.786		
	EIFT4	0.635			0.785		
	EIFT5	0.647			0.786		
	EIFT6	0.514			0.801		
	EIFT7	0.605			0.790		
	EIFT8	0.657			0.784		
	EIFT9	0.632			0.788		
员工创新行为	IB1	0.705	4.591	67.220	0.866	0.878	0.875
	IB2	0.697			0.867		
	IB3	0.728			0.864		
	IB4	0.76			0.861		
	IB5	0.817			0.856		

续表

变量		因子载荷值	特征根	累计方差说明率（%）	Alpha if Item Deleted	Cronbach α	KMO
员工创新行为	IB6	0.671	4.591	67.220	0.867	0.878	0.875
	IB7	0.714			0.863		
	IB8	0.638			0.869		
	IB9	0.683			0.866		
心理授权	PE1	0.673	6.080	73.102	0.903	0.909	0.889
	PE2	0.7			0.902		
	PE3	0.722			0.900		
	PE4	0.725			0.901		
	PE5	0.705			0.902		
	PE6	0.696			0.902		
	PE7	0.727			0.901		
	PE8	0.717			0.901		
	PE9	0.707			0.902		
	PE10	0.734			0.902		
	PE11	0.728			0.902		
	PE12	0.707			0.903		
个人—组织匹配	P-O FIT1	0.633	2.914	64.362	0.700	0.736	0.737
	P-O FIT2	0.469			0.727		
	P-O FIT3	0.494			0.724		
	P-O FIT4	0.565			0.712		
	P-O FIT5	0.553			0.714		
	P-O FIT6	0.493			0.723		
	P-O FIT7	0.603			0.709		
	P-O FIT8	0.681			0.694		
	P-O FIT9	0.596			0.711		

注：LIFT＝领导者内隐追随原型；EIFT＝下属追随特质；IB＝员工创新行为；PE＝心理授权；P-O FIT＝个人—组织匹配。

二、变量的效度检验

由于本书中领导者内隐追随和下属追随特质采用了相同量表进行测量，所以需要检测变量的独立性。首先，检验是否存在共同方法偏差。采用 Harman 单因子检验得出第一个公因子，发现其解释了 27.6% 的总变异量。使用潜在误差变量控制法增加共同方法因子 CMV（见表 4-3），模型拟合度改善并不明显（CFI，TLI，RMSEA 的变化值均小于 0.020），因此认为本研究不存在显著的共同方法偏差（Dulac et al.，2008）。其次，本研究运用模型比较法考察变量的区分效度（见表 4-3），五因子模型比其他竞争模型拟合度更好（$\chi^2/df =$ 1.189；RMSEA =0.027，CFI =0.967，TLI =0.964），这说明本研究的各变量间区分效度良好，它们的确是 5 个不同的概念。结果表明本研究可以继续进行后续分析。

表 4-3　验证性因子分析结果

模型	χ^2/df	RMR	GFI	RMSEA	NFI	CFI	TLI	IFI
单因素（a）	1.375	0.056	0.818	0.037	0.794	0.933	0.929	0.934
二因素（b）	1.310	0.055	0.828	0.034	0.803	0.945	0.941	0.945
三因素（c）	1.290	0.054	0.831	0.033	0.807	0.948	0.945	0.949
四因素（d）	1.239	0.047	0.840	0.030	0.815	0.958	0.955	0.958
五因素（e）	1.189	0.041	0.847	0.027	0.823	0.967	0.964	0.967
CMV	1.151	0.035	0.853	0.024	0.831	0.974	0.971	0.974

注：a. 所有题项为同一个变量。

b. 将领导者内隐追随和下属追随特质合并为一个变量，除了领导者内隐追随和下属追随特质，其他题项合并为一个变量。

c. 将领导者内隐追随、下属追随特质和心理授权合并为一个变量，其他题项分别为一个变量。

d. 将领导者内隐追随、下属追随特质合并为一个变量，其他题项分别为一个变量。

e. 各个变量不合并。

三、变量的描述性统计分析

表 4-4 总结了本书各变量的相关分析结果。结果表明，内隐追随认知差异与员工创新行为（r=-0.522，p<0.01）、心理授权（r=-0.479，p<0.01）、个人—组织匹配（r=-0.383，p<0.01）显著负相关。员工创新行为和心理授权之间

（r=0.610，p<0.01）、员工创新行为和个人—组织匹配之间（r=0.537，p<0.01）呈现显著正向相关关系。心理授权与个人—组织匹配之间（r=0.410，p<0.01）呈现显著正相关。

表4-4　变量的均值、方差与相关分析

变量	CR	AVE	LIFT	EIFT	IFCD	IB	PE	P-O FIT
LIFT	0.845	0.646						
EIFT	0.841	0.639	0.608**					
IFCD			0.159**	-0.213**				
IB	0.737	0.585	0.363**	0.581**	-0.522**			
PE	0.843	0.574	0.471**	0.672**	-0.479**	0.610**		
P-O FIT	0.732	0.580	0.172**	0.299**	-0.383**	0.537**	0.410**	

注：①＊表示p<0.05；＊＊表示p<0.01；＊＊＊表示p<0.001。②CR=建构信度；AVE=平均方差提取值；LIFT=领导者内隐追随原型；EIFT=下属追随特质；IFCD=内隐追随认知差异；IB=员工创新行为；PE=心理授权；P-O FIT=个人—组织匹配。

四、假设验证

1. 主效应检验

假设1提出领导者内隐追随认知差异与员工创新行为呈负相关。为了验证这一假设，采用层次回归法，在SPSS 24.0中将内隐追随认知差异设为自变量，员工创新行为设为因变量，和控制变量一起放入回归方程。表4-5中模型6所示的结果表明，领导者内隐追随认知差异与员工创新行为（r=0.475，p<0.001）显著的负相关，因此假设1成立。

表4-5　回归分析结果

因变量 自变量	PE				IB		
	模型1	模型2	模型3	模型4	模型5	模型6	模型7
性别	0.086	0.074	0.045	0.035	0.050	0.038	0.005
年龄	0.043	0.012	-0.002	0.007	0.074	0.042	0.037

续表

自变量＼因变量	PE				IB		
	模型 1	模型 2	模型 3	模型 4	模型 5	模型 6	模型 7
收入	0.180**	0.103	0.059	0.074	0.338***	0.257***	0.212***
共事时长	0.049	0.019	0.019	−0.013	0.059	0.029	0.020
IFCD		−0.459***	−0.372***	−0.329***		−0.475***	−0.273***
PE							0.440***
F			0.249***	0.183**			
IFCDS×F				0.242***			
R^2	0.041	0.244	0.295	0.344	0.121	0.338	0.485
ΔR^2	0.041	0.204	0.050	0.049	0.121	0.218	0.146
F	2.784*	16.924***	18.165***	19.439***	9.032***	26.804***	40.937***

注：①*表示 $p<0.05$；**表示 $p<0.01$；***表示 $p<0.001$。②IFCD＝内隐追随认知差异；IB＝员工创新行为；PE＝心理授权。

2. 中介效应

本研究使用 Bootstraping 法检验心理授权的中介作用，中介效应的大小等于表 4-5 中模型 2 和模型 7 对应的内隐追随认知差异对心理授权的影响系数和心理授权对员工创新行为的影响系数的乘积，此乘积项在大多数情况下都是极偏态分布，故采用不对称区间检验效果更好（Hayes，2013）。具体来说，本研究采用 Hayes 研发的 SPSS 24.0 插件 PROCESS 进行不对称区间估算，使用 Bootstraping 方法，进行 5000 次回放取样，分析结果如表 4-6 所示。中介间接效果值是 −0.2236，置信区间为 [−0.2985，−0.1588]，置信区间不含 0，表示中介效应显著。控制中介效应之后，直接效应仍然显著，由此得知心理授权在内隐追随认知差异和员工创新行为的关系中起到了部分中介作用，因此假设 2 得到了验证。

表 4-6　Process-PE 的中介效果

路径	总效果	置信区间	直接效果	置信区间	间接效果	置信区间
IFCD→PE→IB	−0.5221	[−0.6251，−0.4192]	−0.2985	[−0.4015，−0.1955]	−0.2236	[−0.2985，−0.1588]

注：IFCD＝内隐追随认知差异；IB＝员工创新行为；PE＝心理授权。

3. 调节效应

在验证调节效应前，为了消除共线性，通过标准化操作处理变量。通过层次回归法分析个人—组织匹配的调节效果（见表 4-5），内隐追随认知差异和个人—组织匹配的相互作用项与心理授权（模型 4，β = 0.242，p<0.001）显著相关。为了更直观地表现个人—组织匹配在内隐追随认知差异与心理授权之间的调节效果，根据 Cohen 等（2002）的研究，以高于个人—组织匹配均值一个标准差和低于均值一个标准差为基准，绘制如图 4-2 所示的调节效果图。个人—组织匹配对内隐追随认知差异和追随者心理授权之间的调节效应显著，相较于低个人—组织匹配的追随者，高个人—组织匹配的追随者更能增强内隐追随认知差异与追随者心理授权的影响。通过以上分析，假设 3 得到了验证。

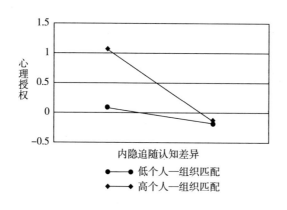

图 4-2　调节效果图

按照 Preacher 等（2007）和 Hayes（2013）提出的有调节的中介分析模型进行 Bootstraping 中介变量检验（见表 4-5），中介变量心理授权的确对内隐追随认知差异和个人—组织匹配对追随者创新行为的交互产生了影响。进一步按照均值加减一个标准差，区分了高、低两种个人—组织匹配程度，分析了个人—组织不同匹配情况下内隐追随认知差异对追随者创新行为影响中心理授权的中介效应。数据结果表明，在高、低两种个人—组织匹配程度下，心理授权的中介效应均显著，置信区间均不包含 0。被调节的中介效果值为 0.0901，置信区间不包括 0

（见表4-7）。通过以上分析，验证了假设4。

表4-7　被调节的中介效果检验

条件			IFCD→PE→IB		
			效应值	误差	置信区间
P-O FIT	直接效应		−0.2985	0.0523	[−0.4015, −0.1955]
	间接效应	M−1SD	−0.2466	0.0361	[−0.3241, −0.1826]
		M+1SD	−0.0664	0.0328	[−0.1385, −0.0089]
	调节效应效果值		0.0901	0.0224	[0.0511, 0.1387]

注：IFCD＝内隐追随认知差异；IB＝员工创新行为；PE＝心理授权；P-O FIT＝个人—组织匹配。

第五节　研究结论和意义

一、研究结论

内隐追随是近几年来在管理学领域新兴起的重要课题，它的出现引起了中外学术界的广泛重视，内隐追随的相关研究对了解组织中领导与追随的过程有重要意义（Sy，2010；Shondrick and Lord，2010；Whiteley et al.，2012；Epitropaki et al.，2013）。本研究以中国大中型企业的领导者及其匹配下属为研究对象，通过实证分析考察了内隐追随认知差异对员工创新行为的影响，以及在此影响过程中心理授权的中介作用和个人—组织匹配的边界效应。结果证明：第一，内隐追随认知差异对员工创新行为呈现显著的负向影响。第二，在内隐追随认知差异对员工创新行为的影响过程中心理授权起到了部分中介的作用。第三，在内隐追随认知差异与下属心理授权的关系中个人—组织匹配起正向调节作用，即个人—组织匹配程度越高，越能增强内隐追随认知差异对下属心理授权的影响。第四，个人—组织匹配调节了心理授权对内隐追随认知差异与员工创新行为关系的中介作用，即随着个人—组织匹配的增加，下属的心理授权质量对内隐追随认知差异与员工创新行为的中介效应也得以提升。

二、研究意义

本研究对领导者内隐追随理论进行了补充。第一，内隐追随能够真正从下属的角度分析"领导者与下属如何感知、决策、行动"这一领导过程。关于内隐追随的研究拓宽了其在管理领域的应用。第二，本研究对内隐追随认知差异和员工创新行为两个领域进行了研究，揭示了两者的内在联系，并侧重考察了心理授权在此影响机制中的作用。心理授权会影响下属对领导者内隐追随及其认知差异的解读，导致下属对领导者产生不同的感受，因此会招致不同的结果。在中国企业管理情境下，领导者内隐追随认知差异的影响作用可以通过下属的心理授权来实现，这说明在组织中，领导者的影响力并不是无条件进行的，而是受组织情境影响的。心理授权是领导者及其下属交流和沟通是否有效的关键，因此人力资源管理实践应重视下属对领导的感受。第三，以往研究没有深入探讨个人—组织匹配如何影响员工创新行为，本研究是以往研究的有效补充。同时，本研究丰富了个人—组织匹配和心理授权的相关研究。这表明，为了更好地促进员工创新行为，组织可以倾向性地提拔那些对下属有积极期望的领导者，在招聘下属员工时，可以倾向于选拔具备符合领导者认知特质的下属。负责招聘的员工应当对组织以及应聘人员的价值观有深入的认识。在下属员工入职后，通过对新人的培养，能够让下属与企业之间的价值与目的协调一致，培训下属的专业技能，提升其个人能力，使下属能力能够达到岗位要求，进而提高员工创新行为发生的可能性。

第五章 旅游企业领导者内隐追随对员工离职倾向的影响机制研究

第一节 问题提出

    我国地大物博，旅游资源非常丰富，中国旅游研究院预测，2021年国内旅游人次达41亿人次，国内旅游收入3.3万亿元。旅游业属于劳动密集型行业，从出行咨询、线路规划到景区的游览等服务，都离不开广大旅游从业人员的辛勤劳动。旅游业作为劳动密集型行业，基层员工存在低龄化、稳定性低的特点。同时，疫情零星出现，仍影响旅游企业经营，旅游企业员工绩效收入下降。由于我国旅游市场还存在不够规范，制度不够合理的现象，旅游企业存在一些服务质量管理上的问题，这些都导致旅游行业人员离职率高。前程无忧发布的《2022离职与调薪调研报告》显示，2021年全国酒店、餐饮和旅游行业员工整体离职率为24.7%，这大大超出了企业领导者可以接受的16.5%的人员流动的最高上限，这是一个不寻常的人员流失率（李秀等，2021）。旅游企业员工的高流失现象，影响了旅游企业对人才的培养，导致优秀人才难以向旅游业聚集，对旅游行业的可持续发展产生了严重影响，直接关系到旅游企业的生存和发展。稳定旅游企业基层员工，防止其大量流失，成为旅游界越来越关注的问题。旅游企业需要对基层员工采用更科学的管理，关注旅游企业员工高离职倾向的产生原因。

为了降低旅游企业员工的离职率，研究者们从多方视角进行了研究探索，如个体特征（包括性别、价值观、学历等）、工作特征（包含领导力类型、任务多样性等）、组织特征（包含企业文化和制度等）、组织承诺（田辉，2014）、工作满意度（奚玉芹等，2014）等。研究证实，工作特征中的领导因素是导致员工离职的重要影响因素之一。然而，现有关于员工离职倾向的研究主要从领导者的个人特质和行为视角来考量其对员工离职倾向的影响，很少有研究从"领导者 IF-AP"角度来研究下属的离职倾向（Turnover Intention），尤其少有基于领导者追随反原型的视角并以旅游企业员工为研究对象来探究其离职行为。领导者内隐追随是领导者对下属的认知图式，是指领导者心目中期待的下属特征（Sy，2010）。内隐追随包括内隐追随原型和反原型（Van Gils et al.，2010）。原型是指领导者对下属特征的积极认知，反原型是指领导者对下属特征的负面认知，包含不顺从、不称职和从众三个子变量。本研究从领导者内隐追随的视角探求领导者追随反原型与员工离职倾向的关系，以期对旅游企业员工频繁离职问题提出建议和改进措施。

第二节 文献综述

一、离职倾向的定义

自 20 世纪 50 年代起员工离职问题便备受国内外学者的关注。离职倾向是在某一特定时期，当下属在工作中遇到不满或不认可组织中某些事务时，会产生"退缩"的表现，使其有可能在一段时期内做出更换工作的决定（Hom et al.，2012）。从企业的实际情况来看，离职倾向是指员工是否会离开自己的工作岗位，离职倾向因为能够对下属离职行为进行预测，成为学者们研究的热点。早期的研究表明，离职倾向是指下属打算离开组织，另谋职业的意愿。Lyons（1971）提出，离职倾向是下属离开组织的意向。Porter 和 Steers（1973）将离职倾向界定为当下属对工作产生不满时，他们会表现出逃避意图，继而可能会出现退缩行为。基于此，Mobley（1977）在离职倾向的概念中加入下属对比和评价环节，指出离职倾向是指下属在对组织内部和外部工作状况进行评估后，主动选择离职的倾向。Mobley 等（1978）指出，离职倾向是指下属对目前的工作状况不满意，产生离开的念头和寻找替代的工作机会。离职倾向是指下属的离职倾向、愿望和计划（Williams and Hazer，1986）；是指下属放弃现有工作而寻求其他工作倾向的程度（樊景立，1978），而这种倾向会导致下属实际的离职（欧阳玲，1994）。Cotto 和 Tuttle（1986）认为，离职倾向意味着企业员工一定会离开组织。秦晓军（2016）将离职倾向视为一种心理趋向，即在一定的时期内，下属将会离开现有的工作岗位。社会因素、经济因素和心理因素综合作用于下属的离职倾向（徐辰雪，2014）。下属的离职可以分为主动离职和被动离职，被动离职指的是裁员、辞退等离职方式，而主动离职通常是组织无法对其进行有效管理，导致下属难以控制，从而对组织产生负面影响（Price，1977）。由于下属的主动离职很难被企业事先预测，因此，长期以来研究人员对下属的主动离职一直是比较重视的。离职倾向的定义整理如表 5-1 所示。

表 5-1　离职倾向的定义

年份	学者	定义
1971	Lyons	离职倾向是个体离开组织的意向
1973	Porter 和 Steers	离职倾向为员工对工作表现出不满意的时候，会产生回避意向，继而会表现出退缩行为
1977	Mobley	离职倾向是员工对组织有一定程度的了解，在评估内在工作状态和外部工作环境之后，自愿选择离开组织另觅他处的倾向
1977	Price	个体作为组织成员状态的改变
1978	樊景立	员工放弃当前工作，寻找其他工作倾向的强度
1978	Mobley 等	离职倾向是员工对工作现状的不满意、产生离职念头与找到可替换的工作的可能性共同导致的
1986	Williams 和 Hazer	离职倾向是员工离开其工作所在岗位的倾向、愿望和计划
1994	欧阳玲	员工离开目前工作组织的倾向

续表

年份	学者	定义
2012	Hom 等	员工在工作过程中遭遇到不满意或产生不认同后，所产生的一种退缩性行为，从而导致个体在一定时间内可能选择更换工作
2014	徐辰雪	员工计划离开当前工作岗位的想法被称为离职倾向
2016	秦晓军	离职倾向是指员工有意愿选择离开当前组织的心理倾向

下属离职会使组织内的其他下属情绪低落，增加组织在招聘和培训等方面的人力成本支出，导致组织人力资本投入的损失。很多研究者认为，离职倾向是下属离职行为发生前的上一阶段，可以通过离职倾向预测其离职行为（Bannister，1986；Hom et al.，2012）。下属实际离职行为会受到各种主观和客观因素影响（Bluedorn，1982；Mueller and Parcel，1981）。在实际情况中，组织内下属的离职行为往往比离职倾向更低（Huselid and Day，1991）。下属离职是既定行为，比起研究下属的实际离职行为，控制、预防和避免离职行为发生，对离职的原因进行研究具有重大现实意义，因而学者们广泛关注离职倾向。本书将国内外学者的研究结果结合梳理，认为离职倾向是指员工在对外部环境和内部状况进行全面评价之后，决定离开现有组织的心理倾向。

二、离职倾向的维度与测量

从广义上讲，下属的离职倾向是指组织成员的个体状态发生了变化（Price 2001），其实质是发生在地域、职业、行业或组织之间的劳动转移。从狭义上讲，下属的离职是由组织内部向外部的劳动流动，这也是现今学者们普遍使用的"离职"概念，即从组织得到报酬的下属结束其与组织的劳动关系（张勉和李树茁，2002）。从不同的角度来看，离职的类型也是多种多样。第一是传统分类方法。根据下属离职的意愿不同，将其分为主动离职和被动离职两种。主动离职是指下属因个人原因而主动选择离职，比如主动辞职等；被动离职是指个人因组织要求而被迫离开组织，如解雇、裁员和退休等。第二是 Dalton 的分类方法。Dalton 等（1979）根据组织是否挽留下属的主动离职，将下属主动离职细分为功能性离职和非功能性离职。功能性离职是指组织认定下属的离职所造成的损失低于其为组织所创造的利益，因此不会进行挽留；非功能性离职是指组织判断下属离职所造成的损失超过其能给组织带来的利益，从而尽力挽留使其留下。第三是 Abelson 的分类方法。Abelson（1987）以"是否自愿"与"是否可避免"为划分依据，将离职分为"可避免的自愿离职""不可避免的自愿离职""可避免的被动离职""不可避免的被动离职""不可避免的消极离职"。

以此为基础，可以把"离职倾向"解释成一个人有了离开公司的念头或者意愿。Mobley（1977）将离职倾向视为个人在某一特定机构工作一段时间，经过仔细斟酌后产生的离开工作单位的意愿，综合反映了工作满意度较低、更换现有工作倾向以及更换工作的可能性。Porter 和 Steers（1973）认为离职倾向是下属在不满足已有工作的情况下所采取的一种逃避行为。离职倾向与离职行为有不同之处，前者是下属的一种态度倾向，后者是一种在现实中出现的行为。离职是指下属与公司关系的结束，根据是否自愿可划分为主动离职和被动离职，而离职倾向则是指下属故意离开组织的意愿，这是一种主动行为。当前，大部分学者都认为，下属的主动离职行为会对企业产生较大的消极影响，而离职意愿又是离职行为最直接的前因变量，对离职行为有较强的解释能力。

在离职倾向的维度划分上，大部分学者认同其单一的结构，以下几种观点最具代表性：第一，Mobley 等（1979）提出离职倾向是一个单一结构，包含离职想法、寻找新工作的行为和可能性等内容。翁清雄与席酉民（2010）翻译 Mobley 等（1979）提出的离职倾向量表，形成了由 4 个题项组成的单一量表。本研究也使用这一量表衡量下属的离职倾向。第二，Rosin 和 Korabik 于 1991 年编制了 5 题项离职倾向量表。第三，立足于中国企业环境，中国香港学者樊景立研制了 4 题项考察中国情境下的下属离职倾向。

徐辰雪（2014）使用 Mobley 和 Sager 等研发的量表测量离职倾向，将离职倾向划分为工作机会、离职意愿、寻找其他工作的可能性和组织印象的转变四个维度。曾垂凯（2012）使用 Aryee 等所用的量表，包括性别、年龄和学历三个维度。March 和 Simon（1958）分别从内部调迁、工作满意度两个维度考察离职倾向。

在对国内外关于离职倾向的文献进行全面整理之后，我们发现，关于离职意向的分类，从二维到五维多个层面都有。但是最常用的还是 Mobley（1978）编制的离职倾向量表。

三、离职倾向的前因变量研究

本研究通过对国内外有关离职倾向的文献进行梳理，发现影响离职倾向的因素主要包括与工作相关的因素、组织内外部因素、个人特质和心理因素等。

与工作相关的因素。行业种类、任职时间、工作压力和职业发展等与工作相关的因素对下属的离职倾向有显著影响。马淑婕等（2003）提出，不同的职业和工作种类其工作环境和报酬也有差别，这会导致不同行业员工的离职率和离职原因不同。崔勋（2003）发现任职时长影响员工离职意愿。石冠峰和韩宏稳（2014）以新生代员工为对象进行研究，发现个人成长与发展是吸引新生代员工的重要原因。另外，影响下属产生离职倾向的重要原因还有工作压力。顾远东（2010）研究了工作压力对下属离职倾向的影响及其作用机制，指出工作压力对下属离职倾向有显著影响。

组织内部因素。组织因素中的组织公平、组织支持和组织声誉等显著影响下属离职倾向。Fields 等（2000）证实了分配公平对下属离职倾向有明显的负向影响。Robert 和 James（2005）指出，当员工在组织中感知到不公平时，会增加员工离开组织的可能性。De Gieter 等（2012）的研究结果显示，组织公平能显著预测员工的离职倾向。叶宝娟等（2018）研究证实了组织公平对农村教师的离职倾向有明显的消极影响。另外，于桂兰（2015）发现组织政治知觉与下属离职倾向有显著正相关关系；Rhoades 和 Eisenberger（2002）证实下属感知的组织支持显著负向影响下属离职倾向。工作满意度和组织承诺在组织支持对下属离职倾向的影响过程中发挥显著的中介作用（Allen et al.，2003）。这一结论也被葛翠霞等（2013）证实。

组织外部因素。学者们研究表明，外部因素中劳动力市场供需关系、外部机会和亲属责任等明显影响下属离职倾向。Price-Mueller（2000）指出，外部机会影响离职倾向；Proctor 等（1976）认为，下属离职倾向受劳动力市场供需关系的影响，在劳动力市场需求大于供给时，下属寻找新工作的机会增加，进而导致下属离职倾向增加。但是当劳动力市场供给大于需求时，员工离职率会明显降低（Hom et al.，1992）。Charles（1999）发现在劳动力市场失业率高的情况下，下属寻找新工作的机会减少，这会导致其离职倾向显著降低。中国学者也证实了在中国文化情境下，机会和员工离职率显著正相关（吴呆和杨东涛，2014）。

个人特质。下属离职倾向受个人特质，诸如性别、年龄、婚姻等因素影响。Somor 等（1996）调查医院护士的离职倾向，发现护士的年龄与工龄对其离职倾向有显著预测作用，护士的年龄越大工龄越长，其离职倾向就越低。下属学历显著负向影响离职倾向（Martin，1997）。与未婚下属相比，已婚下属因为要承担家庭责任，其离职倾向就会更低。

心理因素。下属离职倾向受心理方面的因素诸如工作满意度、组织承诺、自我效能感等的影响。当下属对工作产生不满的时候，其感知程度越高，工作退缩行为如离职倾向出现的可能性也就越大（Porter et al.，2001）。潘持春（2009）、Maden（2014）也证实了工作满足对下属离职意愿的负面影响。李宪印（2018）发现，教师在职业生涯初期的工作满足程度与其离职意愿存在显著的负相关关系。Mathieu 等（1990）发现，组织承诺一般会导致两种类型的结果，一种是下属的工作绩效，另一种是退缩性行为。当下属感觉到组织的环境符合他们的需要时，他们就会从心理上对组织产生归属感，愿意继续为组织做出贡献。反之，他们就会减少对组织的承诺，进而产生离职倾向（Kim，1996）。在国内，袁凌等（2007）通过对我国组织文化与环境进行实证研究，发现组织承诺各个下维对下属离职意愿均存在负相关关系。另外，个体的自我效能感对离职意向也有显著的预测作用（Caillier，2014；张洪福等，2015）。

四、离职倾向的结果变量研究

Allen 等（2005）指出离职倾向对离职行为有明显的影响作用。下属在做出实际离职行为之前，会进行被动的职业搜寻行为（Alan and Jacob，1994）。当下属明确其自愿离职倾向后，就会开始积极寻找新工作，此时其离职行为发生的可能性更大。具有高离职倾向的下属往往会减少工作投入（Maden，2014）。杨坚等（2017）在对以医院医护为对象的研究中证实离职倾向对工作投入的负向预测作用。离职倾向相关研究整理如表5-2所示。

表5-2　离职倾向的相关研究

	影响因素		相关结论
因变量	离职行为		实际的离职行为是离职意向和觉察到的工作机会交互作用的结果（Arnold and Feldman，1982）； 实际的离职受到组织外获取工作机会难易性的调节（Zeffane，1994）
自变量	人口统计学特征	性别、年龄、学历、婚姻状况、户口、员工的地区来源	人口学特征变量对离职倾向有显著的影响（崔勋，2003）； 在组织中，下属年龄越大、和任期越长，则离职率会越低（Somers，1996），资历和经验长久的下属，会更倾向于留在原岗位； 新员工通常离职率较高（Elizabeth，1997）
	外部环境因素		亲属责任会导致离职率降低（Price-Mueller（2000）模型）； 外部机会多会增加离职率，降低目前工作吸引力和工作满意度（Price-Mueller（2000）模型）； 员工职业进展、能力进展和晋升机会影响下属离职意愿（翁清雄等，2010）
	工作相关变量	职业工种	不同的职业和工作种类其工作环境和报酬也有差别，这会导致不同行业员工的离职率和离职原因不同（马淑婕，2003）
		任职时间	任职时间会显著影响离职意愿（崔勋，2003）
		离职次数	离职次数会显著影响离职意愿（崔勋，2003）
		工资、工作参与、基础交流、正规交流、集权化	与工作满意度正相关（Price-Mueller（2000）模型）
		培训	增加一般培训会导致员工离职增加（Price-Mueller（2000）模型）； 员工在组织中感受到有发展前景时，就会很少离开组织（Hatton，1993）

		影响因素	相关结论
自变量	工作相关变量	晋升机会、工作常规性、社会支持	晋升机会、工作常规性、社会支持通过组织承诺和工作满意度间接影响员工离职倾向（Price-Mueller（2000）模型）
		个人—组织匹配	通过规范承诺和情感承诺的部分中介作用影响员工离职意向（符健春等，2008）
	组织相关变量	组织变革	企业解散、合并及分割都会对员工离职率产生影响；相同行业间的合并可以降低员工离职率（马淑婕，2003）
		组织公平	程序公平和分配公平都通过员工工作态度影响员工离职率（Hendrix，1998）
		行业地位	行业地位对离职意图有显著负向影响（任红军等，2004）
	个体心理	结果公平感	组织承诺和工作满意度间接影响员工离职率（Price-Mueller（2000）模型）
		自我影响力	员工感受到的自我影响力影响其离职意愿（Devens et al.，1992）
		政治知觉、组织信任	组织信任影响员工的离职倾向（曾贱吉，2010）
中介变量	个体心理	工作满意度	员工离职通常发生在工作满意度低且外部工作机会较高时（Price 离职建构模型）；员工满意度低是离职的充分不必要条件，员工离职可能由"系统震撼"引起（多路径"展开"模型）
		组织承诺	比起工作满意度，组织承诺与员工离职高度相关（Steers，1977；Kraut，1975；Porter，1974；蒋春燕，2007）
		离职意图	离职意图是导致员工离职行为的直接前因变量（Steel and Ovalle，1984）
		组织支持	在组织公平和员工离职意向关系中组织支持起中介作用（蒋春燕，2007）
		工作寻找行为	工作寻找行为直接预测员工离职（Price-Mueller（2000）模型）
调节变量	工作机会		员工外部工作机会大会影响员工离职的意愿（Price 离职建构模型）
控制变量	工作紧张 组织承诺		工作不满会导致员工组织承诺下降，工作紧张会增加员工工作压力，这些都会使员工离职意愿增强（"尖峰突变"模型）
	情感		在控制积极和消极情感的前提下，研究其他变量对员工离职的影响（Price-Mueller（2000）模型）

第三节　模型构建与理论假设

一、领导者内隐追随与离职倾向的关系

本研究从领导者内隐追随反原型（IFAP）的角度出发研究其与离职倾向的关系。IFAP 是指领导者心目中下属的特征是不顺从、不称职与从众的。现有研究表明，IFAP 能显著影响领导者对待下属的态度，领导者与其下属的交流关系导致领导者对下属进行不当督导。个体认知会导致其态度的变化，IFAP 会使领导者降低对下属关心和喜爱的程度，并导致领导者对下属的绩效期望下降（Sy，2010；Whiteley et al.，2012）。甚至导致领导者对下属的不信任。IFAP 还会导致领导者对下属产生行为变化。依据认知—行为理论（Cognitionand Behavior Theory），个体的认知会对其行为产生影响。基于这一点，赵君伟（2013）认为，IFAP 会引起领导者对下属的消极认知，导致领导者对下属进行不当督导行为。Sy（2010）证明了 IFAP 对下属工作表现、组织公民行为、组织承诺、工作满意具有显著的负向作用。IFAP 不但会对下属的工作满意度产生负面影响，还会使下属的组织承诺下降（Kedharnath，2012），激发下属的负面情绪。IFAP 会导致领导者对下属的好感、绩效期望下降，影响两者交流关系，进而影响到下属工作绩效（Whiteley et al.，2012）。皮格马利翁效应对此影响过程进行了解释，并进一步揭示了 IFAP 与下属的认知存在着互动关系。即领导者的负面认知能够激发下属的负面认知，进而使下属产生负面行为。Tram-Quon（2013）指出，IFAP 会导致团队工作绩效降低。Duong（2011）通过分析 IFAP 与下属的组织公民行为的相关性，发现 IFAP 对下属的组织公民行为具有显著的负面影响。许多研究表明，IFAP 可以影响领导者对下属的态度和行为，而领导者的态度和行为最终会影响下属的态度、心理和行为。

离职倾向是下属离职行为发生前的最后一个阶段，研究离职倾向可以预防和控制下属离职行为（Bannister，1986）。但员工在选择离职时会受到主客观因素的影响（Bluedorn，1982；Mueller，1981）。离职是已经发生的既定行为，为了防止和控制离职行为的发生，对其前因步骤进行研究就显得意义重大，因此关于离职倾向的研究受到学者们广泛的关注。

领导者内隐追随反原型通过影响离职倾向的前因变量——领导—成员交换关系，继而影响下属的离职倾向。首先，领导者内隐追随反原型会降低领导者对下属的绩效期望与喜爱程度，这会使这部分下属成为领导者的"圈外人"，从而引发下属的消极态度和行为，导致其产生离职倾向。其次，领导者内隐追随反原型使领导者降低对下属的信任，领导者低水平的信任将导致下属对组织产生较低水平的认同和承诺，从而使其离职倾向升高。最后，IFAP 和下属认知交互作用，互相影响。在领导者对下属有负面认知时，会通过行为和态度表现出来，下属感受到领导者对自己的否定性态度和行为，就会对组织产生疏离，进一步促使其离职倾向提高。因此，本研究提出如下假设：

假设 1：领导者内隐追随反原型对下属离职倾向有显著的正向影响。

二、领导—成员交换关系的中介作用

基于领导—成员交换理论，领导者在有限的时间和精力下，无法与所有下属建立同样的交换关系水平。领导者对持有积极期待的下属给予更多的关心、喜爱和信任，这些人发展成为领导者的"圈内人"。与之相反，符合 IFAP 的下属无法或较少得到领导者的喜爱、信任，与领导者的关系也会变得疏离和公事化，这部分下属就成为领导者的"圈外人"。"圈外人"员工与领导者之间会保持低水平的 LMX（Duong，2011；Whiteley et al.，2012）。

Gerstner 等（1997）证明低品质的 LMX 会造成领导与下属的不信任，领导会降低对下属的情感支持、激励和引导，降低对下属职业生涯的引导。同时，下属缺少来自领导者的信任也会使下属产生工作不安全感在工作中表现出焦虑、失望等情绪。这会刺激下属做出离开组织的决定（Maertz and Griffeth，2004）。Gerstner 等提出，LMX 质量越高，下属的离职倾向水平就越低。Maertz 和 Griffeth（2004）对影响下属离职意愿的八个因素进行了定义，其中计算因素、情感因素和可择他性因素对下属离职行为产生的过程有重要影响。

Harris 等（2014）证实 LMX 与下属离职倾向呈倒 U 形关系，即在一定范围内，下属离职倾向会随 LMX 质量的提高而增加，而到达一定值后，下属离职倾向会随 LMX 质量的提高而减少。曾垂凯（2012）发现 LMX 会对下属离职倾向产生显著的负向作用。黄磊和周小兰（2009）证实 LMX 与下属离职倾向总体呈显著的负相关关系。赵君伟（2013）指出 IFAP 不仅会引发领导者对下属的负面态度和促使其对下属进行不当督导，还会对二者领导—成员交换质量产生显著影响。张阳（2016）发现在 LMX 的四维度中，情感和贡献维度对下属离职倾向有显著的负向预测作用，心理资本在此影响过程中起显著的调节作用。整体来看，领导—成员交换和下属离职倾向之间有显著的负相关关系，LMX 质量越高，则下属离职倾向越低。

根据上述理论，本研究提出以下假设：

假设 2：在领导者内隐追随反原型与下属离职倾向的关系中领导—成员交换关系发挥中介作用。

三、组织公平的调节作用

组织公平是指下属对其在组织中是否得到公平对待的看法，而不是他们实际上是否得到了公平对待（Greenberg，1987）。根据社会学习理论，环境、知觉和行为在与个体交互作用时会影响个体，而下属根据对组织公平水平的不同感知会有不同行为。此外，下属的行为既要满足其首要需求，又要适应环境要求，根据环境变化调整个体行为（王登峰和崔红，2006）。Shaley 等（2004）认为，环境变化是个体行为变化的重要原因，环境调节人格和行为之间的关系。

组织公平显著影响组织公民行为的各个自变量。程序公平对上级评价、工作满意度、工作承诺和领导者信任有积极影响（Singer，1992）。领导者的内隐追随受家庭成长环境、内外部环境和文化影响，与情境因素密切相关（Carsten et al.，

2010；Junker and Van Dick，2014）。根据孔茗（2016）的研究，在内隐追随对下属行为的影响机制中，需要考虑组织层面的情境变量——组织公平性的调节作用。

在领导—成员交换关系的研究中，公平理论经常被引入和回顾领导—成员交换关系与其结果变量之间的发生机制。领导—成员交换关系质量较低的下属比领导—成员交换关系质量较高的下属更容易感到不公平，这反过来又会干扰团队合作（Bolino and Turnley，2009）。Lee（2001）发现，与领导—成员交换关系水平低的下属相比，领导—成员交换关系水平高的下属和领导者给予彼此更多的信任并感知更高的公平性，组织公平显著影响领导—成员交换关系。在组织公平的四维理论中，交互公平分为人际公平和信息公平。人际公平是指在组织决策过程中组织或领导者是否礼貌和尊重地对待下属。而信息公平则反映了有关工作信息是否正确传达给下属。与程序公平和分配公平相比，人际公平和信息公平与领导—成员交换关系的关系更密切（Burton et al.，2008）。Roch 和 Shanock（2006）研究发现人际公平与领导—成员交换关系呈正相关。通过回顾以往的研究，可以看出组织公平的每个子变量都会影响领导—成员交换关系。

Greenberg（1993b）认为，程序公平在分配公平与下属行为的关系中起调节作用。Pillai 等（1999）对领导公平的影响进行了研究，结果表明程序公平在变革领导力和组织公民行为间起调节作用。基于上述理论，本研究提出以下假设：

假设3：在领导者内隐追随反原型和领导—成员交换关系中组织公平起显著的调节作用。

四、组织公平的调节中介作用

社会交换理论认为下属与组织的关系本质上是一种交换关系。当下属感知到组织较高的公平感时，出于补偿互惠心理，下属对组织的认可度增加并用努力工作作为回报（刘文彬和唐杰，2015）。如果下属感知到较高的组织公平，则会认为离职成本过高，并放大外部环境的不确定性，从而降低下属离职倾向。另外，组织公平氛围可以增进领导者和下属间的交流和信任，降低下属的离职意愿（王站杰等，2017）。反之，当下属感知的组织公平感较低时，领导者与下属之间的交流与信任减少，下属会表现出负面的情感和行为，这会增加下属的离职意愿。张建琦和汪凡（2003）通过研究经理人的离职倾向发现组织公平对离职倾向有显著影响作用。程序公平和分配公平对离职倾向有明显影响，在此过程中组织支持发挥中介作用（蒋春燕，2007）。当下属感知到在组织中付出的努力与得到的薪酬待遇不成正比时，就可能会出现消极态度，比如下属会有较低的忠诚度、满意度，这会促使下属产生离职的念头（Robert and James，2005）。杨春江等（2014）研究服务公司的下属，发现下属离职倾向明显受组织公平影响。淦未宇（2015）指出，新生代农民工感知到的组织公平会影响其离职意愿。分配公平对降低下属离职意愿有帮助（马超，2014）。组织中资源分配决策过程中的程序不公平会增强下属离职倾向（Greenberg，1990）。Loi 等（2009）指出组织内部破坏性的人际关系会激发下属的负面情绪，导致下属产生离职倾向甚至离职行动。如果组织内具有高度互动公平会减少下属离职倾向的产生（Colquitt，2001；高雪冬等，2015）。韩宏稳（2016）从组织公平角度研究新生代员工的离职倾向，发现组织公平负向影响离职倾向，在其下维变量中交往公平对离职倾向的影响效果最强。

　　基于上述分析，本研究构建理论模型如图 5-1 所示：

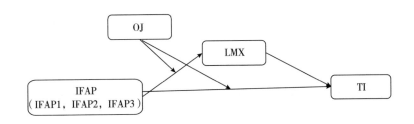

图 5-1　理论模型

注：IFAP＝领导者内隐追随反原型；LMX＝领导—成员交换关系；OJ＝组织公平；TI＝离职倾向。

第四节　研究设计

一、研究样本

本研究调查对象为河北省、河南省、山东省、安徽省、江苏省、浙江省等地旅游企业领导者及其直属下属。为了降低共同方法偏差，本研究采用领导者和下属自我报告的方式收集数据，由领导者填写领导者内隐追随问卷，间隔 3 个月后由下属填写领导—成员交换关系、组织公平和离职倾向量表。调查方式为使用问卷星和实地调查，从微信和 QQ 等社交软件招募参加人员，告知参加人员调查时应注意的事项以及保密原则，并邀请志愿者帮助请其直系领导或下属组成一对一匹配小组。2021 年 10 月收集领导者问卷，2022 年 1 月收集下属问卷。共发放领导者和下属匹配问卷 350 对，回收 319 对，有效问卷 307 对，有效率为 87.7%，样本的人口统计学特征分析如表 5-3 所示。

表 5-3　样本的人口统计学特征

调查对象	特性		人数（%）	特性		人数（%）
领导者	性别	男	158（51.5）	年龄	20~30 岁	48（15.6）
					31~40 岁	101（32.9）
		女	149（48.5）		41~50 岁	99（32.2）
					50 岁以上	59（19.2）
	最终学历	高中及以下	48（15.6）	与下属共事时长	6 个月~1 年	81（26.4）
		大专	65（21.2）		1~3 年	78（25.4）
		本科	131（42.7）		3~6 年	82（26.7）
		硕士及以上	63（20.5）		6 年及以上	66（21.5）

续表

调查对象	特性		人数（%）	特性	人数（%）
下属	性别	男	148（48.2）	年龄 20~30 岁	122（39.7）
				31~40 岁	108（35.2）
		女	159（51.8）	41~50 岁	54（17.6）
				50 岁以上	23（7.5）
	最终学历	高中及以下	68（22.1）	月薪 2000 元以下	64（20.8）
		大专	92（30.0）	2000~5000 元	77（25.1）
		本科	97（31.6）	5000~10000 元	69（22.5）
		硕士及以上	50（16.3）	10000 元及以上	97（31.6）

领导者的人口特征统计如下：男性占 51.5%，女性占 48.5%，领导者年龄集中在 31~50 岁（65.1%），本科学历的领导者最多，占 42.7%，其次是大专学历（21.2%），再次是硕士及以上学历（20.5%），高中及以下学历的领导者最少，占 15.6%。领导者和下属共事时长均在 6 个月以上。

下属的人口统计学特征如下：下属中 51.8% 是女性，下属年龄集中在 40 岁以下（74.9%），下属过半数为专科及以下学以（52.1%），下属月薪 10000 元及以上的占比 31.6%，2000 元以下的最少（20.8%）。

二、变量操作性定义与测量工具

本研究选用经过验证的具有良好信度和效度的成熟量表，以确保测量的准确性。

领导者内隐追随反原型。Sy（2010）指出内隐追随是领导者心目中关于下属特性或行为的认知图式，领导者内隐追随反原型是指领导者对下属的负面认知。本研究使用 Sy（2010）开发的领导者消极内隐追随的 9 个问项进行实证分析。内隐追随由领导者作答，并使用从"完全不同意"1 分到"非常同意"5 分的李克特 5 分尺度进行测量。测量工具如表 5-4 所示。

领导—成员交换关系。本研究中对领导—成员交换关系的测量使用 Graen 和 Uhl（1995）开发的 7 题项量表，此量表在中国情境下被广泛使用，有较高的信

· 135 ·

度和效度。本研究中领导—成员交换关系由下属自评，使用从"完全不同意"1分到"非常同意"5分的李克特5分量表进行测量。

表 5-4　内隐追随的测量工具

变量		问项
IFAP	不称职	学识不足
		迟钝笨拙
		缺乏经验
	从众	易受影响
		随波逐流
		轻信顺从
	不顺从	傲慢自大
		粗鲁无礼
		脾气暴躁

注：IFAP = 领导者内隐追随反原型。

组织公平是指在组织中下属对自己所受待遇是否公平的感知程度（James，1993）。本研究中对组织公平的测量使用 Colquitt（2001）开发的 21 题项量表。该问卷由下属自我评估，使用从"完全不同意"1 分到"非常同意"5 分的李克特 5 分量表进行测量。

离职倾向是指追随者在企业中经历不满意后的退缩行为，本研究中采用 Mobley 编制的 4 题项离职倾向量表，此量表经过多次检验被证明适用于中国情境。该问卷由下属自我评估，使用从"完全不同意"1 分到"非常同意"5 分的李克特 5 分量表进行测量。

控制变量。本研究把可能会影响自变量和因变量之间关系的人口统计学变量设为控制变量。这些变量共包括 8 个题项：领导者性别、领导者年龄、领导者教育背景、下属性别、下属年龄、下属教育背景、工资、领导者和下属的共事时间。本研究为了提高分析结果的准确性，对这些变量进行了控制。此外，本研究验证了领导者的特征对其内隐追随的差异。

三、分析方法

本研究使用 SPSS 24.0 和 AMOS 24.0 进行实证分析。SPSS 24.0 主要用于检验样本特征的频率分析、信效度和相关分析。使用 AMOS 24.0 进行验证性因子分析、测量各变量的收敛效度和区分效度。运用层次回归法进行假设分析,使用 Bootstreping 法验证有调节的中介效应。

第五节　数据分析与结果

一、共同方法偏差验证

因为本研究中各变量均有领导者及其下属自我报告,所以可能会存在共同方法偏差问题,运用 Harman 单因素验证本研究各变量是否存在共同方法偏差。使用探索性因子分析,检验未旋转的因子分析结果,未旋转因子分析的结果表明,第一个因子的解释力仅为 35.116%,不到因子分析累计方差解释力(73.515%)的一半,所以可以认为本研究中共同方法偏差不会对问卷数据分析构成严重威胁(Podsakoff et al., 2003)。

二、变量的信效度分析

表 5-5 中实施了探索性因子分析和信效度分析,Cronbach α 系数均在 0.8 以上,属于值得信赖的区间范畴。通过信度检验,删除三个不合格的指标,然后检测变量效度。结果显示,各变量的 KMO 值都大于 0.7,达到显著水平,且 Bartlett 球形检测的 p 值均小于 0.05,表明各变量题项间相关性较高,变量选取合理。本研究选取的样本数据适合进行因子分析。采用主成分分析法分析,各变量的原始特征根都在 1 以上。各变量题项的因子载荷值都大于 0.5,方差说明率大部分都超过 60%。

表 5-5　变量的探索性因子分析和信效度分析

变量	子变量		因子载荷值	特征根	累计方差说明率（%）	Cronbach α	KMO	AVE	CR
IFAP	IFAP1	IFAP1-3	0.882	4.392	48.795	0.862	0.729	0.7	0.87
		IFAP1-2	0.856						
		IFAP1-1	0.762						
	IFAP2	IFAP2-3	0.858	1.471	65.142	0.859	0.735	0.68	0.86
		IFAP2-2	0.813						
		IFAP2-1	0.794						
	IFAP3	IFAP3-3	0.838	1.183	78.290	0.841	0.723	0.65	0.85
		IFAP3-2	0.813						
		IFAP3-1	0.769						
TI	TI1		0.770	2.962	74.048	0.877	0.826	0.66	0.88
	TI2		0.807						
	TI3		0.831						
	TI4		0.828						
LMX	LMX1		0.802	4.810	68.717	0.924	0.899	0.64	0.92
	LMX2		0.869						
	LMX4		0.799						
	LMX3		0.837						
	LMX6		0.692						
	LMX5		0.773						
	LMX7		0.801						
OJ	OJ3		0.821	11.647	76.449	0.978	0.958	0.76	0.97
	OJ2		0.841						
	OJ7		0.867						
	OJ6		0.891						
	OJ1		0.892						
	OJ16		0.898						
	OJ4		0.896						
	OJ13		0.868						
	OJ11		0.883						
	OJ8		0.869						

续表

变量	子变量	因子载荷值	特征根	累计方差说明率（%）	Cronbach α	KMO	AVE	CR
OJ	OJ17	0.874	11.647	76.449	0.978	0.958	0.76	0.97
	OJ10	0.855						
	OJ12	0.830						
	OJ15	0.854						
	OJ14	0.827						

注：IFAP=领导者内隐追随反原型；IFAP1=不称职；IFAP2=从众；IFAP3=不顺从；LMX=领导—成员交换关系；OJ=组织公平；TI=离职倾向。

使用验证性因子分析，得出结果 CR 值大于 0.7，标准化的因子载荷值大于 0.5，临界比（Critical Ratio，CR）大于 1.96，统计显著性低于 0.05，平均方差萃取值（AVE）在 0.5 以上，则可以认为潜变量间存在收敛效度（Fornell and Larcker，1981）。本研究中在 95% 的显著性水平下，各变量 CR 值均在 0.8 以上，AVE 值均在 0.6 以上，因此本研究各变量间一致性程度较高，存在良好的收敛效度。

三、变量间相关分析和判别效度分析

表 5-6 中标明了各变量的均值、标准差和相关系数。结果表明，在 95% 的显著性水平下，IFAP 的各个下维（不顺从、不称职、从众）与离职倾向的相关系数分别为 0.425，0.417，0.389，呈显著正相关；在 95% 的显著性水平下，IFAP 各下维与 LMX 的相关系数分别是 -0.413，-0.340，-0.338，呈显著负相关；在 95% 的显著性水平下，与 OJ 的相关系数分别是 -0.366，-0.354，-0.270，呈显著负相关。

表 5-6　变量间的相关分析

	Mean	SE	IFAP1	IFAP2	IFAP3	OJ	LMX	TI	AVE
IFAP1	3.925	1.268							0.7

续表

	Mean	SE	IFAP1	IFAP2	IFAP3	OJ	LMX	TI	AVE
IFAP2	3.862	1.088	0.404**						0.68
IFAP3	3.864	1.129	0.495**	0.403**					0.65
OJ	2.180	1.472	−0.366**	−0.354**	−0.270**				0.66
LMX	1.959	1.229	−0.413**	−0.340**	−0.338**	−0.135*			0.64
TI	3.788	1.023	0.425**	0.417**	0.389**	0.273**	−0.584**		0.76

注：①n=307；IFAP=领导者内隐追随反原型；IFAP1=不称职；IFAP2=从众；IFAP3=不顺从；LMX=领导—成员交换关系；OJ=组织公平；TI=离职倾向。②*表示 p<0.05；**表示 p<0.01；***表示 p<0.001。

Gefen 和 Straub（2005）指出，当各变量 AVE 值的平方根高于相应变量与其他变量之间的相关系数时，区别效度良好。本研究各变量之间的相关系数绝对值最高为 0.584（LMX 和 TI），低于 0.7，可以判断本研究各变量间不存在多重共线性。各变量之间相关系数最高值 0.584 的平方为 0.341，低于 AVE 值中的最低值 0.64（LMX 的 AVE 值），验证了本研究模型的判别有效性。另外，本研究中潜变量之间的相关性显著，可以进行后续的实证分析。

四、假设检验

本研究使用层次回归法检验 IFAP 对 TI 的影响机制，使用 Process 验证在此影响过程中 LMX 的中介作用和 OJ 的调节作用以及调节中介作用。

1. IFAP 对 TI 的影响

假设 1 提出 IFAP 对下属离职倾向（TI）有正向预测作用。为了验证这一假设，采用层次回归法（Hierarchical Regression Modeling，HRM），在 SPSS 24.0 中将 IFAP 的三个下维不称职、不顺从、从众设为自变量，下属 TI 设为因变量，和控制变量一起放入回归方程。表5-7 中模型 2 所示结果表明，在 95% 的显著性水平下，IFAP 的下维不称职、不顺从、从众对下属 TI 的预测值分别为 0.219、0.244、0.167，均呈显著的正相关。因此，假设 1 成立。

表 5-7 IFAP 对 TI 的影响分析

变量	TI	
	M1	M2
领导性别	-0.035	-0.006
领导年龄	-0.045	-0.032
领导教育水平	-0.021	-0.009
下属性别	-0.072	-0.06
下属年龄	0.042	0.044
下属收入	0.211***	0.121**
下属教育水平	0.016	-0.033
共事时长	-0.064	-0.043
IFAP1		0.219***
IFAP2		0.244***
IFAP3		0.167**
R^2	0.061	0.296
ΔR^2	0.036	0.270
F	2.426***	11.298***
Durbin-Watson	1.795	

注：①n = 307；IFAP = 领导者内隐追随反原型；IFAP1 = 不称职；IFAP2 = 从众；IFAP3 = 不顺从；TI = 离职倾向。②* 表示 $p < 0.05$；** 表示 $p < 0.01$；*** 表示 $p < 0.001$。

2. LMX 的中介作用

本研究使用了 Hayes 所研制的 Process 来验证 LMX 的中介作用，基于 Bootstrap 法进行了 5000 次放回抽样，结果如表 5-8 所示。根据表 5-9，在 IFAP1→LMX→TI 路径上 LMX 的中介效应为 0.2033，在 95% 的显著性水平下，置信区间为 [0.1339，0.2948]，不包含 0，表明中介效应显著，但是控制中介效应后，直接效应依然显著，所以 LMX 在两者关系中起到了部分中介的作用；在 IFAP2→LMX→TI 路径上 LMX 的中介效应为 0.1697，在 95% 的显著性水平下，置信区间为 [0.1065，0.2512]，不包含 0，表明中介效应显著，但是控制中介效应后，直接效应依然显著，所以 LMX 在两者关系中起到了部分中介的作用；在 IFAP3→LMX→TI 路径上 LMX 的中介效应为 0.1726，在 95% 的显著性水平下，置信区间

为 [0.1060, 0.2550]，不包含 0，表明中介效应显著，但是控制中介效应后，直接效应依然显著，所以 LMX 在两者关系中起到了部分中介的作用。因此假设 2 得到了验证。

表 5-8　Process-LMX 的中介效果（一）

变量		LMX		TI	
		Effect	SE	Effect	SE
M1	IFAP1	−0.4132***	0.0521	0.2217***	0.0495
	LMX			−0.4919***	0.0495
M2	IFAP2	−0.3397***	0.0539	0.2470***	0.0475
	LMX			−0.4996***	0.0475
M3	IFAP3	−0.3380***	0.0539	0.2160***	0.0479
	LMX			−0.5105***	0.0479

注：①IFAP=领导者内隐追随反原型；IFAP1=不称职；IFAP2=从众；IFAP3=不顺从；LMX=领导—成员交换关系；TI=离职倾向。②*表示 p<0.05；**表示 p<0.01；***表示 p<0.001。

表 5-9　Process-LMX 的中介效果（二）

路径	总效果	置信区间	直接效果	置信区间	间接效果	置信区间
IFAP1→LMX→TI	0.425	[0.3230, 0.5270]	0.2217	[0.1242, 0.3192]	0.2033	[0.1339, 0.2948]
IFAP2→LMX→TI	0.4168	[0.3144, 0.5192]	0.2470	[0.1537, 0.3404]	0.1697	[0.1065, 0.2512]
IFAP3→LMX→TI	0.3885	[0.2847, 0.4923]	0.2160	[0.1217, 0.3102]	0.1726	[0.1060, 0.2550]

注：IFAP=领导者内隐追随反原型；IFAP1=不称职；IFAP2=从众；IFAP3=不顺从；LMX=领导—成员交换关系；TI=离职倾向。

3. OJ 的调节作用

在本研究中，为了防止调节效应分析过程中经常出现的多重共线性问题，对各变量进行了标准化处理。运用 SPSS 24.0 的插件 Process，使用拔靴法（Bootstraping），在 IFAP、LMX、TI 之间的影响关系中，分析 OJ 的调节作用。组织公平的调节作用分析结果如表 5-10 所示。在表 5-10 的模型 1 中把 TI 设为因变量，把 IFAP1 设为自变量，LMX 设为中介变量，OJ 设为调节变量。从分析结果来看，整体模型在95%的显著性水平上，IFAP1 与 OJ 的交互项对 LMX 有显著的正向影响（β=0.2547，p<0.001），对 TI 有显著的负向影响（β=-0.3125，p<0.001）。

表 5-10　**IFAP 与 TI 的关系中 OJ 的调节效应**

变量		LMX		TI	
		Effect	SE	Effect	SE
M1	IFAP1	-0.6098***	0.0552	0.5357***	0.0532
	OJ	-0.3750***	0.0529	0.4478***	0.0465
	LMX			-0.3048***	0.0467
	IFAP1×OJ	0.2547***	0.0661	-0.3125***	0.0551
M2	IFAP2	-0.5030***	0.0537	0.4940***	0.0485
	OJ	-0.2791***	0.0538	0.3689***	0.0435
	LMX			-0.3389***	0.0446
	IFAP2×OJ	0.2348***	0.0547	-0.2252***	0.0437
M3	IFAP3	-0.4104***	0.0547	0.3417***	0.0475
	OJ	-0.2435***	0.0543	0.3008***	0.0447
	LMX			-0.4265***	0.0458
	IFAP3×OJ	0.0549	0.0597	-0.1343***	0.0477

注：①IFAP＝领导者内隐追随反原型；IFAP1＝不称职；IFAP2＝从众；IFAP3＝不顺从；LMX＝领导—成员交换关系；OJ＝组织公平；TI＝离职倾向。②*表示 p<0.05；**表示 p<0.01；***表示 p<0.001。

在表 5-10 的模型 2 中把 TI 设为因变量，把 IFAP2 设为自变量，LMX 设为中介变量，OJ 设为调节变量。从分析结果来看，整体模型在 95% 的显著性水平上，IFAP2 与 OJ 的交互项对 LMX 有显著的正向影响（β=0.2348，p<0.001），对 TI 有显著的负向影响（β=-0.2252，p<0.001）。

在表 5-10 的模型 3 中把 TI 设为因变量，把 IFAP3 设为自变量，LMX 设为中介变量，OJ 设为调节变量。从分析结果来看，整体模型在 95% 的显著性水平上，IFAP3 与 OJ 的交互项对 LMX 的影响不显著（β=0.0549，p<0.001），对 TI 有显著的负向影响（β=-0.1343，p<0.001）。

通过上述分析得知，IFAP 的各个下维与 OJ 的交互项对 TI 均有显著的负向影响，因此假设 3 得到验证。

另外，为了更准确地验证组织公平的调节作用，采用 Aiken 和 West（1991）

的分析程序，通过调节变量的均值加减一个标准差，得到两个标准值。据此划分高 OJ（M+ISD）和低 OJ（M-ISD），推导出高 OJ 和低 OJ 的回归方程。结果如图 5-2、图 5-3、图 5-4 所示。

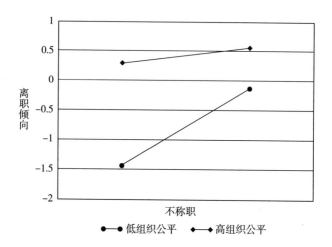

图 5-2　不称职和离职倾向的关系中组织公平的调节效应

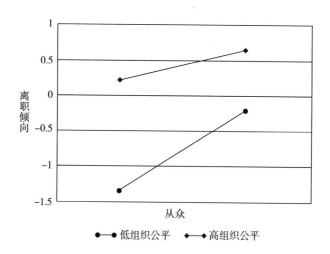

图 5-3　从众和离职倾向的关系中组织公平的调节效应

根据图 5-2 中的分析结果，与低组织公平相比，高组织公平的直线斜率更缓。即在组织公平水平低的情况下，预测不称职对离职倾向有正向影响，离职倾向随着不称职水平的提高而增加。在组织公平水平高的情况下，虽仍然预测了不称职对离职倾向的正向影响，但影响作用显著变小。也就是说，组织公平弱化了不称职对离职倾向的影响。

根据图5-3中的分析结果，与低组织公平相比，高组织公平的直线斜率更缓。即在组织公平水平低的情况下，预测从众对离职倾向有正向影响，离职倾向随着从众水平的提高而增加。在组织公平水平高的情况下，虽仍然预测了从众对离职倾向的正向影响，但影响作用显著变小，也就是说，组织公平弱化了从众对离职倾向的影响。

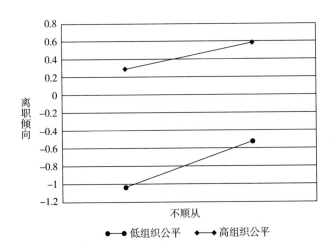

图 5-4　不顺从和离职倾向的关系中组织公平的调节效应

根据图5-4中的分析结果，与低组织公平相比，高组织公平的直线斜率更缓。即在组织公平水平较低的情况下，预测不顺从对离职倾向有正向影响，离职倾向随着不顺从水平的提高而增加。在组织公平水平高的情况下，虽仍然预测了不顺从对离职倾向的正向影响，但影响作用比不称职和从众小。

由以上分析可知，在领导者内隐追随反原型和离职倾向的关系中组织公平起调节作用。故假设3被验证。

4. OJ 的调节中介作用

根据 Preacher 等（2007）和 Hayes（2015）提出的调节中介模型分析程序，本研究分析在不同水平的 OJ 环境下，IFAP 与 TI 之间关系中 LMX 的中介效应，运用 SPSS 24.0 的插件 Process，使用拔靴法（Bootstraping），就得到不同 OJ 水平下 95% 显著性水平的置信区间和 LMX 的间接效应值。根据 Preacher 等（2007）和 Hayes（2015）的理论，判断是否存在调节中介效应有四个标准。第一，中介路径上的调节作用要显著。第二，调节变量的均值加减一个标准差，得到调节变量 M+1SD 和 M-1SD 两个水平。在这两个水平上，置信区间应该一个包含 0，一个不包含 0，这意味着在不同水平的调节效应下，中介效应是不同的，因此可以验证有调节的中介效应。第三，调节中介效应值应在 95% 显著性水平上显著（置信区间中不包括 0）。第四，如果调节变量在 M+1SD 和 M-1SD 两个水平的置信区间中的全不包含 0，则在 M+1SD 和 M-1SD 两个水平上获得的两个中介效应相减，如果此时的置信区间不包含 0，则可以验证调节中介效应。

根据上述分析，因为假设 4-3 被拒绝，不满足 Preacher 等（2007）和 Hayes（2015）提出的第一个条件，因此无须分析后续的调节中介效应。在本研究中，IFAP1，IFAP2 和离职倾向之间的关系受组织公平的调节，并进一步影响下属的离职倾向，详见表 5-11。

表 5-11　IFAP→LMX→TI 路径上组织公平的调节中介效应

	条件	效应值	置信区间
OJ	M-1SD	-0.8012	[0.1406, 0.3947]
	M+1SD	1.0000	[0.0598, 0.1784]
Index	IFAP1→LMX→TI	-0.0777	[-0.1428, -0.0333]
	IFAP2→LMX→TI	-0.0796	[-0.1289, -0.0424]
	IFAP3→LMX→TI	-0.0234	[-0.0753, 0.0263]

注：IFAP=领导者内隐追随反原型；IFAP1=不称职；IFAP2=从众；IFAP3=不顺从；LMX=领导—成员交换关系；OJ=组织公平；TI=离职倾向。

根据表 5-11，在 IFAP1→LMX→TI 路径上，当组织公平水平低（M-1SD）

时，IFAP1 通过 LMX 影响 TI 的间接效应值为-0.8012，置信区间不包含 0（Bootstrap 95% CI：[0.1406，0.3947]）；当组织公平水平高（M+1SD）时，IFAP1 通过 LMX 影响 TI 的间接效应值为 1.0000，置信区间不包括 0（Bootstrap 95% CI：[0.0598，0.1784]）。为了进一步分析调节中介效应，验证调节中介指数（Index of moderated mediation）。在 95% 的显著性水平下，调节中介效应值为-0.0777，置信区间不包含 0（Bootstrap 95% CI：[-0.1428，-0.0333]）。通过以上分析，验证了组织公平在 IFAP1→LMX→TI 路径中的调节中介作用。

在 IFAP2→LMX→TI 路径上，当组织公平水平低（M-1SD）时，IFAP2 通过 LMX 影响 TI 的间接效应值为-0.8012，置信区间不包含 0（Bootstrap 95% CI：[0.1406，0.3947]）；当组织公平水平高（M+1SD）时，IFAP2 通过 LMX 影响 TI 的间接效应值为 1.0000，置信区间不包括 0（Bootstrap 95% CI：[0.0598，0.1784]）。为了进一步分析调节中介效应，验证调节中介指数（Index of moderated mediation）。在 95% 的显著性水平下，调节中介效应值为-0.0796，置信区间不包含 0（Bootstrap 95% CI：[-0.1289，-0.0424]）。通过以上分析，验证了组织公平在 IFAP2→LMX→TI 路径中的调节中介作用。

在 IFAP3→LMX→TI 路径上，当组织公平水平低（M-1SD）时，IFAP3 通过 LMX 影响 TI 的间接效应值为-0.8012，置信区间不包含 0（Bootstrap 95% CI：[0.1406，0.3947]）；当组织公平水平高（M+1SD）时，IFAP3 通过 LMX 影响 TI 的间接效应值为 1.0000，置信区间不包括 0（Bootstrap 95% CI：[0.0598，0.1784]）。为了进一步分析调节中介效应，验证调节中介指数（Index of moderated mediation）。在 95% 的显著性水平下，置信区间包含 0（Bootstrap 95% CI：[-0.0753，0.0263]）。因此，组织公平在 IFAP3→LMX→TI 路径中不存在调节中介作用。

根据上述分析，得出组织公平在 IFAP→LMX→TI 路径中部分存在调节中介效应。假设 4 得到部分验证。

第六节　研究结论和意义

一、研究结论

本研究以旅游企业员工为研究对象，探讨旅游企业领导者的内隐追随反原型对下属离职倾向的影响效果，并分析在此影响过程中领导—成员交换关系的中介作用和组织公平的调节作用，以及调节中介作用。

通过实证分析证实，旅游企业领导者内隐追随反原型对其直接下属的离职倾向有明显的积极影响作用。旅游企业的领导者对其下属不顺从、不称职和从众的假设会让其减少对下属的关心、信任和支持，把下属划分为"圈外人"，从而导致下属产生离职意愿。但是，如果下属对组织有较高的公平感知，则会弱化旅游企业领导者的内隐追随反原型的影响。

二、研究意义

目前，国内外对领导者内隐追随的研究主要集中在积极方面，大多数研究考察内隐追随原型的后果变量。首先，本研究从内隐追随反原型视角进行实证研究，使内隐追随反原型的研究更为丰富、完整。其次，本研究从内隐追随反原型的视角研究下属离职倾向，丰富了离职倾向的前因变量研究，这也响应了 Price（2001）的呼吁。Price（2001）指出应该为下属离职倾向寻找更多潜在的前因变量，以便更加全面地剖析和理解下属离职问题。再次，本研究从领导者内隐追随反原型视角来剖析下属离职倾向。最后，本研究把 LMX 和组织公平纳入模型，查明了内隐追随反原型对离职倾向影响的过程和边界效应。

本研究也为旅游企业管理实践提供了借鉴。旅游企业员工的高离职现象不仅影响旅游企业对人才的培养，而且影响旅游业的可持续发展，甚至威胁到旅游企业的生存与发展。旅游企业急需对基层员工采用更科学的管理。本研究可以为旅游企业人力资源管理实践提供借鉴和参考：第一，企业应该加强对领导者认知领域的培训，使领导者能够理性看待下属，尽可能减少对下属的负面假设。第二，领导者内隐追随反原型通过社会交换关系影响下属行为，而下属与领导者的关系在领导者对下属的看法与下属的行为之间起着重要的作用。领导者作为组织的代言人，在影响下属行为的过程中，应重视下属的贡献和幸福感，为下属提供与领导者沟通、制定政策、做出贡献的机会。领导者通过与下属建立高水平的交换关系提高下属的绩效。第三，组织所进行的人力资源管理实践不是无条件发生的，而是由下属感知到的组织公平的组织情境所决定的，而组织公平是领导与下属互动的关键。因此，如果下属有较高的组织公平意识，就可以增加创新意愿，促进员工创新行为。因此，领导者必须让下属感受到组织是公平的，并通过实际行动激励下属，对下属的工作表现给予适当奖励。

第六章 高校教师内隐追随对学生创造力的影响机制研究

第一节 问题提出

当今世界，科学技术的发展日新月异，创新已经成为一个国家发展的关键力量，创新型人才是一个国家高质量发展的前提，是国家长期保持竞争优势的重要保障。未来国家间的竞争本质上是创新型人才的竞争，世界各国都把培养创新型人才当作至关重要的目标。《中国学生发展核心素养》中指出要培养学生的实践创新素养，《中华人民共和国国民经济和社会发展第十四个五年规划和 2035 年远景目标纲要》中提出在新社会环境下应该激发人才创新活力，这都要求学校教育重视学生创造力的培养。创造力作为一种重要的社会经济资本，是大学生在日益严峻的就业市场获得竞争优势的重要因素（李月琴，2019），已成为当代大学生必须掌握的核心能力。高校作为培养人才的重要基地，是国家创新的基础和主体，在培养大学生创造力方面有义不容辞的责任。在教育领域考察大学生的创造力的内涵和作用机制越来越受到重视，这是培养国家创新型人才、提升大学生创新素养的关键所在。在大学生的学习生涯中，教师是他们学习、生活和工作求职过程中的重要引路人，高校教师对大学生有很大的影响力，探究高校教师在大学生创造力培养中的作用机制有着非常重要的意义。

内隐追随作为组织行为学领域的概念，近年来也被引入教育领域。内隐追随是领导者对下属特质的感知和期望（Sy，2010）。Whiteley 等（2012）从组织行为学领域研究领导者积极内隐追随，结果表明领导者对下属的积极期待能够引导领导者给下属更多喜欢和支持，这将促进下属有良好的绩效表现。Rosenthal 和 Jacobson（1968）通过实验在真实的学校场景中研究教师期望与学生成绩的关系。当老师和同学都不知道实验的具体内容时，老师就会把参与实验的同学视为天才，给予他们的期望很高，给予他们的关心、信任、支持都会使他们感到老师的关心，促使他们的学习成绩得到改善。这一现象表明，教师对学生的不同期待会使他们对待学生的态度发生变化，最终导致学生行为上的改变。对学生持有积极期望（积极的内隐追随）的教师会从情感和知识技能上给予学生更多的支持。教师支持有助于学生获得多项技能，对大学生而言学习与专业相关的知识和技能是提升创造力的基础（尹奎等，2018）。诸多研究（Amabile，1983，1996；Lubart，1999；Sternberg and Lubart，1995）指出个体与环境要素影响大学生创造力，创新自我效能感作为一项重要的人格特质，能够影响学生创造力的培养和发展。本研究以组织行为学领域的内隐理论和教育领域有关自我实现预言（教师期望效应）相关研究为基础，通过实证分析，从高校教师和大学生双重视角探讨高校教师内隐追随对大学生创造力的影响，以及在此影响机制中教师支持和大学生创新自我效能感的中介作用。探讨高校教师内隐追随对大学生创造力的影响机制能够为大学教育中大学生创造力的培养和发展提供依据。

第二节 文献综述

一、创造力

1. 创造力的概念

1950 年，Guilford 在心理学大会上的演说预示了心理学界对创造力研究的开始。20 世纪 50 年代，在学术界掀起了一股研究创造力的热潮。对于创造力的定义，由于学者们对创造力的关注重点不同而千差万别。丁琳（2017）梳理以往文献发现学者们更多地从人格特质、过程、结果视角来定义创造力。

第一是 Kurtzberg 和 Amabile（2001）将创造力定义为一种性格特质，并将其视为一种跨领域的性格特征，也是一系列性格特征的总和。特质观点主要研究个体的创造性和行为特征（Feist，1998），具有高度创造性的个体，在处理问题时具有类似的认知思维方式（Plucker and Beghetto，2004）。将高创造性与低创造性的人进行对比，发现个人的兴趣、动机、意志等个性特点会对问题的处理产生影响。Amabile（1996）总结了具有高创造性的个人特点，如高延迟满足、高成就动机、高独立性、自主性、包容性和责任心。Shalley 等（2004）认为特质视角强调个体特质对其创造力的影响。

第二是创意生成的过程，也就是问题解决的认知过程。详细来讲，创造力是指取得有关信息以解决问题的一个心理过程。Feist（1993）将创意置于思维的层次上，着重于思维的灵活性、流畅性和创造性。Scott 和 Bruce（1994）认为具备高创造力的人在了解问题后，会产生新主意、新想法及新的解决方案，通过寻求支持、获得认可，在工作学习中推动这种想法或方案实施。Parnes 等（1977）提出创造力思维过程模型，共包含发现现象、发现问题、产生创意、提出解决方案和接受方案 5 个步骤。Amabile（1983）提出创造力过程模型，总共包含 5 个步骤：任务叙述、准备活动、产生创意、验证创意和评价结果。Basadur（2004）指出创造力的产生包含问题的发现、解决和实施。

第三是从创造力的结果角度指出创造力是一种生产新颖且适用的想法或适合特定成果的能力（Lubart，2001；Sternberg and Lubart，1991；Plucker and Beghetto，2004；Runco and Jaeger，2012）。结果视角指出创造力具有价值性、新颖性、实用性，是可以被别人接受和认同的。

特质视角关注与创造力产出相关的个体特征上的差别，但没有考虑到环境和其他社会因素；结果视角可以反映创造力结果上的差异，但无法对创意产出的机理和过程做出合理的解释。从过程角度看，创意产出是由个体认知结构、能力、经验等因素决定的信息加工过程。本研究结合 Scott 和 Bruce（1994）以及王婕（2013）的观点，梳理现有的创造力研究成果，界定了大学生创造力的概念。即大学生创造力是大学生运用一切已知信息，开展能动思维活动，产生出某种新颖、独特、有价值的想法或方案，并在学习、生活中推动这种想法或实施方案。

2. 创造力的相关研究

Sternberg 和 Lubart（1991）提出了创造力投资理论，指出创造力是多种因素综合作用的结果。当环境因素、个体因素、工作特征因素、领导力因素、组织因素等心理因素共同作用于新颖有价值的创意上，创造力就会激发出来。

环境因素。Sternberg 和 Lubart（1991）相信具有挑战性的环境可以更好地激发创造力。研究发现被试者年龄越小，其创造力受环境因素影响就越大（Ward，1968），具有创造力的 2~3 岁孩童在刺激性的环境（如食物和玩具）中获得的好处更大。

个体因素。"大五"人格理论认为，具备创造力的个体其性格特质是独特的，创造力受开放性人格影响（Feist，1998）。具有创造性的个体更容易产生创造力（Kogokar，2016；李鹏等，2017）。认知风格（Scott and Bruce，1994；罗瑾琏等，2013）、创新型自我效能感（杨付和张丽华，2012；Tierney and Farme，2002）、主动性人格等均能正向预测创造力的形成。

工作特征因素。工作特性如工作自主性、复杂性、工作压力等都可以激发创造力。若下属在工作流程中拥有更高的资源配置权限，并能自主决策，则可以更好地发挥创意才能，进而促进创意的形成（王端旭和赵轶，2011）。当下属从事有挑战性的工作时，他们的工作积极性会得到提升，内在动力也会得到增强（Tierney and Farme，2002；赵新宇等，2016）。工作压力可以分为挑战性压力、间歇性压力两类，挑战性压力对创造力产生有正向的预测作用，而间歇性压力对创造力的作用则是负面的（张亚军和肖小虹，2016；马迎霜等，2018）。

领导力因素。领导者对下属创意活动的支持（丁琳和席酉民，2018；Gong，2010）和积极反馈（徐振亭和罗瑾琏，2016；George and Zhou，2007）对下属的创造力产生有正面的影响。仁爱型领导（Wang and Cheng，2010）和授权领导（Zhang and Bartol，2010）对下属的创造力有正面的预测作用。

组织因素。组织是一个复杂的社会体系，组织环境、组织规范等都会对组织创造力形成一定影响（Woodman et al.，1993）。下属感知的组织公平（Yu and Frenkel，2013；顾远东等，2014；谢俊等，2013）和绩效薪酬（Eisenberger et al.，1998；张勇等，2014）对员工创造力的产生均有正向预测作用。

二、教师支持

1. 教师支持的概念

在组织行为学领域，Cummings（1996）提出了控制型领导风格和支持型领导风格，认为支持型领导会关心下属需求，鼓励下属积极表达观点，当下属有需要时会给予资源支持，帮助下属学习、掌握知识和技能。领导支持行为体现在鼓励、奖赏、予以授权等方面（Hempil and Coons，1957）。随后学者们开始从教育领域关注教师行为，教师在大学生学习过程中为其提供有益帮助和指导，是积极教师行为的重要体现。教师支持行为作为社会环境变量有助于人们理解学生的学习行为和学业成就。关于教师支持概念的界定，不同学者给出了不同的解释。Trickett 和 Moos（1973）指出教师支持是学生对老师的帮助与引导的一种认知。Fraser 等（1996）相信，教师支持是教师对学生的友善、关心和协助。Ryan 和 Patrick（2001）的观点是，教师支持指教师重视学生并与其建立人际关系的信任程度。Brewster 和 Bowen（2004）认为教师支持是教师鼓励、倾听和尊重学生的程度。欧阳丹（2005）将教师支持行为定义为学生在学习和生活中感知到的教师对其支持的态度和行为。张红兵（2012）认为教师支持是教师给予学生的各种帮助，包含情感、信息等方面。

刘云枫（2010）研究导师支持和研究生行为间的关系，认为导师支持是指导师在学习目标上给予研究生引导，并支持研究生学习和工作。Crisp 和 Cruz（2009）认为高校教师支持是指教师为大学生提供情绪、求职等方面的支持。Overall 等（2011）认为教师支持包含三个方面，即学术、自主、个人。结合前者的研究。谭小宏等（2018）从教师创新支持的角度出发，提出了"教师创新支持"的概念，并指出"教师创新支持"是一种可以促进学生创新思维和意识、促进学生创新能力的教师行为。特别是在教学过程中，教师为学生提供前沿的知识以开阔学生的眼界，引导学生的创造性思维，并为他们提供帮助和指导。教师会协助学生清除在创新过程中可能碰到的困难，理解、接受并鼓励学生继续努力。

2. 教师支持的相关研究

教师支持能积极影响学生心理情绪、自我效能感、内部动机、学业情绪和态度、学习投入程度、学业成就等。导师自主性支持能显著影响研究生的创造力（吴剑琳等，2014）。

第一，教师支持会影响学生感知到的自我效能感。教师支持不仅能够激发学生对其自身能力意识的形成，而且能显著提高学生对学校的满意度（Danielsen et al.，2009）。教师支持能显著提升学生的自主性、自我效能感和归属感（Skinner et al.，2008）。教师支持能正向预测大学生的自我效能感（王颖等，2017）。教师响应学生的需求，在此种感知到支持的情境下，学生的学习动机、自我效能感都能得到极大提升（Marchant et al.，2001）。

第二，教师支持对学生学业情绪、态度有积极影响。教师支持对学生校内积极情绪（Valenzuela，1999）和情感调整有积极影响（Roeser et al.，1998）。学生与教师之间的关系能显著促进其学习动机和适应能力（Ryan et al.，1994）。良好的师生关系能够引起学生积极的学业情绪，有助于学生解决问题和自我调节。不良师生关系会给学生带来负面的学业情绪（Pianta，2006）。教师支持对学生学习的兴趣（Wentzel，1998）和体会到学习活动的乐趣方面（Furrer and Skinner，2003）有正向预测作用。

第三，教师支持对学生自尊和学业成绩有正向影响，对学生抑郁症状有负向影响（Jia et al.，2009）。学生感知到的教师支持对其学业进取心有显著的正向影响（Danielsen et al.，2010）。教师为学生提供的心理需求支持对提高学生学习动机有积极影响（Ricard and Pelletier，2016）。

第四，教师支持对学生的学习投入程度有明显影响。教师支持会促使学生在学业上更努力（Wentzel，1997），当教师支持被学生感知到时，他们在学业上会付出更多努力，在面对困难的学习任务时会更加坚持（Goodenow，1993）。当教师给予学生更多的社交和学术关心时，学生会表现出更多寻求帮助的行为（Ryan et al.，1998；Newman and Schwager，1993）。学生感知到教师支持会正向影响其使用学习策略（Yildirim，2012）。教师支持显著影响学生行为（Woolley et al.，2009），对学生学习投入（Skinner et al.，2003）和学习意义感知（Brewster and Bowen，2004）有重大影响作用。

第五，教师支持显著影响学生的学业成绩。Gregory 和 Weinstein（2004）研究证实师生关系对中学生数学成绩影响最大。Stanton-Salazar（1997）指出教师支持是影响学生学业成功的重要因素。Ahmed 等（2010）认为教师支持显著影响学生数学成绩。陈旭等（2018）指出教师在学习、情感、能力方面的支持是提升学生心理素质和学习成绩的重要原因。

三、创新自我效能感

1. 创新自我效能感的概念

Bandura（1977）提出了自我效能感理论，指出自我效能感是对于能否完成某项工作个体的信心、信念和评价。自我效能感水平不同会导致个体付出的努力、对任务目标的选择和面对挫折时的态度不同。自我效能感既是个体对自我的认知，也是一种信念和信心，拥有信心的人能够主动采取行动完成富有挑战性的任务（Bandura，1977；刘占波，2019）。自我效能感是个体对能否完成某种任务的自身能力的判断和对结果的预测（傅蕾，2019）。Tiernery 和 Farmer（2002）定义了创新自我效能感，指出个体进行创新性活动中受到创新自我效能感的激励，是个体从事某项特定任务时，能否制造创造性产品的信心，是自我效能感在创新领域的表现。林碧芳和邱皓政（2004）将创造性自我效能的观念引进到教育领域，提出创造性自我效能是指教师对创造性教学结果的自信。阳莉华（2007）认为，创造性自我效能是大学生创造性行为中的一种主观信念，对创造性行为的有效性起着决定性作用，是一种能够激发他们创造性思维的方法。衣新发等（2010）从跨文化视角研究创造性自我效能感，指出创新自我效能是个体认知到其有能力产生新颖、恰当的想法、作品和产品的信念。很多学者在中国情境下研究创新自我效能感，并编制学生创新效能感量表（林碧芳和邱皓政，2004；洪素苹和林珊如，2004；阳莉华，2007）。

2. 创新自我效能感的相关研究

创新自我效能感作为个体的内在特质对其创造活动有预测作用。组织行为学领域的研究证实，下属自我效能感会影响其行为和能力，下属自我效能对其创新行为有显著影响（李杰义和来碧波，2018）。王永跃和张玲（2018）通过调查知识型员工及其配对领导，指出创新自我效能感对其创造力有明显的预测作用（Tierney and Farmer，2002；洪素苹和林珊如，2004）。在 Bandura（1977）提出自我效能感的概念后，教育界对创新自我效能感的作用机理进行了深入研究。大学生的创新自我效能感会影响其日常学习、生活中任务的完成情况，具备高创新自我效能感的学生在学习和活动中会有更多自信和更好的表现。这也是有的学生在不利的环境因素下仍然能表现良好的原因，这说明个体行为并非完全受环境因素影响。Beghetto（2006）以中小学生为研究对象，发现自我效能感高的学生在课后作业、课外活动中表现出较强的积极性，并有较高的升学意愿。Hill 等（2008）对中学生的创造性自我效能与情感、成就目标的相关性分析后发现：中学生的创造性自我效能与其正面情感之间存在着显著的正相关，而在创造性自我效能方面，绩效间存在着显著的负相关。随着研究的不断深入，一些学者开始研究外部支持对自我效能感的影响。研究证实，社会支持（张伶和连智华，2017）和教师支持（李维和白颖颖，2018）对自我效能感有积极影响。

学者们在研究创新自我效能的同时，也积极挖掘创新自我效能的中介功能。在学习导向、变革型领导与创造力之间的关系中，自我效能起着关键的中介作用（Gong et al.，2009）。王晓玲（2009）研究了家庭环境的知识性、创新自我效能与创造力之间的关系。结果显示，创新自我效能在家庭环境中的知识性与创造力的关系中起显著的中介效应。顾远东和彭纪生（2011）从激励员工创新行为的角度研究了创新自我效能对员工创新行为的影响，并对其机理进行了分析，发现创新自我效能不仅可以直接影响员工的创新行为，还可以通过绩效动机和工作参与间接影响员工创新行为。黄春燕（2009）以硕士研究生为研究对象，探讨了创造性动机、自我效能与创造性行为的相关性。研究发现，创新自我效能是影响创新动机与创新绩效的重要因素。本研究还发现，不管是在学校还是工作环境中，创新自我效能都是创造能力与绩效的一个重要先决条件。

第三节　模型构建与理论假设

一、教师内隐追随和学生创造力

教师内隐追随是存在于教师心目中对于学生特征或行为的期望和假设（Sy，2010；褚福斌和陈志全，2020），可以说积极内隐追随本质上是教师对学生的积极期望（Whiteley et al.，2012）。积极内隐追随会带来教师对学生的关心、喜爱和支持（Whiteley et al.，2012；祝振兵等，2017a）。皮格马利翁效应指出教师对学生的积极期望会影响学生的表现（Guo，2018；Foti et al.，2014）。学生作为受教育者对教师的行为有着自己直观的感受，学生的主观感受也会影响其态度和行为。自我期望、成就动机、能力知觉和自我概念等都和学生创造力的产生与发展密切相关（Osborne，2011）。

根据 Amabile（2012）的研究，个体在相关领域的能力越强，越可以引发其创新思维，促成其创造力的产生。领导者对下属的积极情感期待促使下属在组织内更主动地表达自己（Kruse and Sy，2011），激发下属更高的自我效能感（王弘钰和王辉，2015）。在创意可能会失败的压力下，领导者的肯定可以促使下属更加积极地面对压力，勇于创新（Frijda，1986），这对创造力的产生有积极影响。良好的人际关系可以为下属形成良好的心理氛围（Scott and Bruce，1994），有助于个人和群体之间的信息共享，不仅可以加速个人知识体系的构建（Hakanen et al.，2008），还可以促进创新行为和提高学习能力（Andrews and Delahaye，2000）。

从实证研究来看，Sy（2010）指出，对下属有积极看法的领导者对下属有积极的角色期望。领导者的角色期望和创新支持是下属实施创新行为的重要因素（Scott and Bruce，1994）。当下属的角色期望较低时，他们倾向于完成任务，不会表现出思考新想法等探索性行为，而具有积极角色期望的下属除了完成任务外，更有可能表现出思考新想法等探索性行为（Derler and Weibler，2014）。下属的角色外行为与领导者对下属角色的期望一致，触发和激活了"好下属"和"意中人"等积极概念（Bargh et al.，1996）。中国学者王弘钰和李云剑（2017）、祝振兵等（2017a）验证了内隐追随与员工创新行为之间的影响关系。

教师内隐追随将提升其对学生的喜爱程度，并给予学生更高的期望和支持（Whiteley et al.，2012；Duong，2012），唤起学生更高的自我效能感（王弘钰和王辉，2015），这将促进学生创造力的提升。基于上述理论，本研究提出下列假设：

假设1：教师内隐追随对学生创造力有积极预测作用。

二、教师支持的中介作用

Brophy和Good（1974）认为，教师期望对学生的作用是间接的，教师对学生的期望不同，会使学生的行为产生差异，进而影响到学生的自我期望、成就动机和自我观念，最终影响到学生的行为。这说明教师预期影响学生行为的关键在于学生的感觉，而学生能够感觉到的最直接的客体就是老师的行为。从这一点可以看出，与预期相符的教师的行为表现很有必要。如果说，与老师预期相符的行为是教师内隐追随向学生传达的关键，教师依据其内在跟随所呈现的行为是否被学生认知并加工是教师期望和学生行为能否一致的关键。只有当教师期望转变为学生自我实现的需要并内化为学生的自我概念，才会产生正面影响（Jussim and

Harber，2005）。教师希望通过对学生自我期望、学习动机、抱负水平、自我概念等自我体系的作用，从而对其行为和学习成绩产生一定影响。而大学生的自我期望、学习动机、抱负水平、自我概念等与创造力有着密切的关系（Bandura，1997）。

关于教师支持的研究起源于组织行为学领域，很多研究证实了支持型领导对创造力的影响。支持型领导对员工的创新能力有正向预测作用（Cummings，1996）。员工在工作中获得领导者的赞赏以及因为工作引发的快乐和满足，会激发其积极情绪，能促进员工创造力的产生（王瑞旭和赵轶，2011），支持型领导还能抑制个体负面情绪及行为（Yagile，2006）。领导者给予员工理解、支持和关怀，可以降低员工面对挑战和困难时的畏惧，进而提升员工创造力（Gong et al.，2009）。领导者的工作支持、想法支持和社会支持能够促进员工创造力产生（Mumford and Scott，2002），Madjar 等（2002）证实领导者的工具性支持、创造性支持及情感支持都能激发员工创造力的产生。支持型领导能够影响员工创造力，在此过程中心理投入和内部动机发挥中介作用（王端旭和洪雁，2010），在领导者支持作用下员工创造力水平得以提升（George and Zhou，2007）。

Tierney 和 Farmer（2004）证实了管理者的创新支持行为在两者中的中介作用。雷星晖等（2015）研究认为领导者的情感支持可以预测员工的积极情绪，进而激发他们的创新意识。在教育领域，Reeve（2006）指出，教师支持能够预测学生的积极情感和创造性。在教师自主性支持下，学生会在活动中投入更多时间和精力（Deci et al.，2010），自主支持对学生的积极情绪、学习投入和学业成就都有显著的积极影响（Jang et al.，2009）。李金德和余嘉元（2011）指出，教师创新支持行为对学生创新自我效能感和创造性思维有显著影响，教师创新支持行为能显著预测学生创造性思维。科研实践是推动研究生创造力产生的重要因素之一（尹世平等，2019）。刘云枫（2010）研究表明导师给予研究生学术支持会促使研究生创造力的产生。基于上述理论，本书提出下列假设：

假设 2：教师支持在教师内隐追随和学生创造力之间的关系中起中介作用。

三、创新自我效能感的中介作用

教师积极内隐追随是教师对学生特质的概括化看法，代表了教师对学生的积极期待。褚福斌和陈志全（2020）以教师期望效应为基础，揭示了导师内隐追随对研究生学术期望的影响机制。彭坚和王震（2018）证实了在领导者的内隐追随与追随者特质匹配的情况下，下属能在领导者的心目中获得良好的形象，从而为自己争取到工作的机会，产生正面的心理体验（van Gils et al.，2010）。教师内隐追随以意会机制运行（Weick，1995），影响领导者对下属的感情、认识和行为（Fiske，1993）。领导者内隐追随和追随者特质匹配对追随者自我效能感有显著预测作用（彭坚和王震，2018）。

自我效能感是促进创造力产生的重要原因之一（Bandura，1997）。Multon 等（1991）指出，无论所研究的专业领域和所采用的测验方式，个人的自我效能感都会对其绩效产生显著的影响。强烈的自我效能感是学习新知识，促进创造力产生的关键条件（Bandura，1997）。高自我效能感的个体更愿意选择具有挑战性的目标，面对挫折时往往能坚持下去，会展现出高创造力水平（Seo et al.，2015）。当追随者坚信其具备完成任务的实力时，在工作中会更有创造力（Ford，1996）。创意自我效能感跟自我效能感既有联系也有区别，能明显预测员工的创造力（Tierney and Farmer，2002）。随后研究者开始在教育领域关注大学生的创新自我效能感。高创新自我效能感的大学生往往具有更高的动机，促使他们制定合理目标，面对困难时能更积极主动地解决问题，有更多的创造力产出（刘成科等，2018）。具有高水平创新自我效能感的学生对其自身表现有更积极的评价，有更多的学业参与，促进其创造力水平提升（Beghetto，2006）。创新自我效能感还能有效缓解学习压力所带来的消极影响（Lu and Siu，2005；Siu and Lu，2007），对于大学生而言，创新自我效能感可以缓解学习、生活压力，从而提升其个体创造力。洪素苹（2004）研发了学生创新行为量表，并且验证了学生创新自我效能感与其创新行为密切相关。创新自我效能感水平高的学生对其学科能力更有信心，对于升入大学有积极的信念（Ronald，2006）。杨付和张丽华（2012）指出，创新自我效能感水平高的学生通常其创造力水平也更高。

此外，研究还发现了创新自我效能的中介效应。创新自我效能在个人感知别人的消极反馈与创造力之间的关系中具有中介效应（洪素苹，2005）。创新自我效能感在下属学习取向、变革型领导与创造力之间的关系中具有中介效应（Gong et al.，2009）。创新自我效能感在组织创新氛围和下属创造力的关系中，也起到明显的中介作用（陈晓，2006）。在变革型领导和下属创造力（Yaping et al.，2009）、领导者期望、下属认知与创造力（Tierney，2004）、大学生学习进程与创造力（Chuang et al.，2010）、创造性教学与学生创造力（王昊，2017）、母亲参与和创造力（王旭坤，2018）的关系之间，创新自我效能感均起到显著的中介效应。Cheng（2012）发现，创新自我效能感在大学生科研过程对创造力的影响关系中具有部分中介效应。

根据上述理论，本研究提出下列假设：

假设 3：学生创新自我效能感在教师内隐追随和学生创造力之间的关系中起中介作用。

四、教师支持和创新自我效能感的链式中介作用

教育是培养大学生创造性的关键途径（张庆林和赵玉芳，2006）。Brophy 和 Good（1974）指出，教师期望对学生的影响是间接发生的，教师对不同学生有不同期望，进而导致教师对学生采取不同行为。教师对学生采取的行为影响学生的自我期望、成就动机和自我概念，最终会影响学生行为。这表明教师期望对学生行为产生影响的关键就是学生的知觉，而学生能感知到的直接对象就是教师行为。由此可知，教师与其期望相一致的行为表现是非常重要的。如果说与教师期望相一致的行为表现是教师内隐追随能够传递到学生行为的关键，那么教师根据其内隐追随表现出来的行为能否被学生认知并加工就是教师期望和学生行为能否一致的关键。只有教师期望转变为学生自我实现的需要并内化为学生的自我观念，才会带来积极的效果（Jussim and Harber，2005）。很多研究证明，导师支持能促进学生的学术自我效能感（Overall et al.，2011），导师心理支持在学生研究

生毕业后仍能促进学生的自我效能（Paglis et al.，2006）。

个体感知到创新支持并不能直接影响其创造力，而是通过创新效能感的中介作用间接实现的（Amabile and Hill，1994；Jay and Perkins，1997）。Tierney 和 Farmer（2004）研究企业中管理者的创新支持行为在管理者期望和员工创造力之间关系中的作用，证实了管理者的创新支持行为在两者中的中介作用。胡保玲（2017）研究表明教师支持能通过影响学生的情绪，继而影响学生创新行为。

大学教育中，教师对学生持有积极的内隐追随，能够推动教师给予学生更多的情感上的关心和实践指导，培养学生解决问题的能力，这能够提高学生的解决问题的信心，促进其创造力的产生。综上所述，本研究提出下列假设：

假设4：教师支持和学生创新效能感在教师内隐追随和学生创造力之间的关系中起中介作用。

第四节　研究设计与方法

一、理论模型

基于理论基础，结合本书提出的研究假设，构建关于教师内隐追随、学生创造力、教师创新支持和学生自我效能感理论模型，具体如图6-1所示：

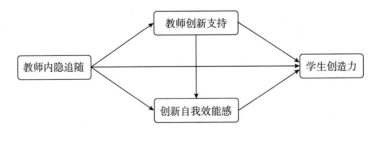

图6-1　理论模型

二、变量的测量

本研究采用国际上通用的具有良好信度和效度的成熟量表来测量变量，以确保变量的有效性。本研究采用的量表具有较高的信度和效度，在中国情境中也得到了广泛的应用和认可。

教师内隐追随。本研究对教师内隐追随的测量使用 Sy（2010）开发的 9 题项追随原型量表。在中国情境下经过多位学者验证（祝振兵等，2017a；彭坚和王霄，2016），具有良好的信效度。

学生创造力。本研究对于创造力的测量采用 Scott 和 Bruce（1994）开发的单一维度量表，该量表共有 9 项题目，经过学者常玲（2012）的实证检验具有良好的信效度。具体题项如表 6-1 所示：

表 6-1　学生创造力量表

变量		题项
学生创造力 （Students' Creativity，SC）	SC1	我会针对学习中遇到的问题提出新构想或解决方式
	SC2	我会寻找新的学习方法、技术或者工具
	SC3	我会产生关于问题的原创性解决方案
	SC4	我会动员他人支持创新想法
	SC5	我会争取他人对创新想法的认可
	SC6	我会鼓励其他成员对创新想法产生热情
	SC7	我会将创新想法转变成有益的应用
	SC8	我会将创新引入学习环境中
	SC9	我会关注创新想法的效用

教师创新支持。本研究使用 Tierney 和 Farmer（2004）研制的领导者创新支持行为量表，该量表共有 16 个题目，具有较高的信度和效度（李金德，2011）。具体题项如表 6-2 所示。

创新自我效能感（Creative Self-Efficacy）。本研究选用洪素苹和林珊如（2004）研发的学生创新自我效能量表衡量大学生的创新自我效能感，该量表共

17 个题项。具体题项如表 6-3 所示：

表 6-2　教师创新支持量表

变量		题项
教师创新支持 （Teacher Creativity- Supportive，TCS）	TCS1	我的老师努力为我的学习寻找必需的资料
	TCS2	为确保我有创新学习的资源，我的老师一直不懈努力
	TCS3	我的老师是一个有创造性的人
	TCS4	我的老师因为我创造性的表现给过重要的奖励
	TCS5	我的老师公开认可我对创造性活动所作出的努力
	TCS6	我的老师鼓励我制定具有创造性的学习目标
	TCS7	我的老师很赞赏我的创造性学习方式
	TCS8	我的老师很支持我的创造性学习
	TCS9	尽管创造性尝试没有成功，但我的老师仍会赞扬我的努力
	TCS10	我的老师为我所取得的学习和其他活动的成绩而骄傲
	TCS11	我的老师使我相信自己有创造性潜能
	TCS12	我的老师鼓励我在学习中与其他同学共同探讨问题
	TCS13	我的老师强调与他人分享学习经验的重要性
	TCS14	我的老师积极地与其他老师进行教学上的交流和合作
	TCS15	为了我的学习，我的老师努力搜集必要的信息给我
	TCS16	我的老师鼓励我与其他班级的同学进行学习上的交流

表 6-3　创新自我效能感量表

变量		题项
创新自我效能感 （Creative Self- Efficacy，CSE）	CSE1	当我面对新问题时，我相信我能很快联想到很多个解决方案
	CSE2	当我遇到难解的问题时，我相信我能尝试新方法来解决
	CSE3	面对困难的问题，我相信我不会用固定的方法解决
	CSE4	没看过的问题，我也找不到方法解决
	CSE5	当我面对具有挑战性的任务时，我深信我能联想到许多相关的知识
	CSE6	面对难解的问题时，我相信我总是能想到别人意想不到的答案
	CSE7	我相信我能写出新颖独特的作文
	CSE8	与其他人相比，我相信我做出来的作业更别出心裁
	CSE9	我能用巧妙、有趣、不寻常的方法改进一些东西，使它们更实用、更好玩

变量		题项
创新自我效能感 （Creative Self- Efficacy，CSE）	CSE10	我认为我所做出来的作业，与他人相同
	CSE11	我觉得我想不出其他的方法，使我的作业更有创新
	CSE12	需要思考新的解决方法时，我相信我能忍受他人的异样眼光，自由想象
	CSE13	就算老师不鼓励创新的观点，我还是会用不同的方法解决问题
	CSE14	就算家人不欣赏我的独特观点，我还是会尽情地想象
	CSE15	当家人批评我的创新作品时，我就会放弃
	CSE16	如果同学无法接纳我的创新点子，我会想办法说服他们
	CSE17	当老师不接受我的创新作品时，我想我仍会坚持自己的理想

三、研究样本

本研究调查对象为山东省 10 所高校教师及其学生。为了降低共同方法偏差，采用教师和学生自我报告、间隔 3 个月的方式收集数据。由教师填写教师内隐追随问卷，间隔 3 个月后由学生填写教师创新支持、创新自我效能感和创造力问卷。实际调查通过问卷星和实地调查两种方式进行，通过朋友和同事联系山东各高校认识的教师，请他们帮忙联系自己的学生一起填写问卷。向志愿者告知调查注意事项和保密原则。2022 年 1 月收集教师问卷，2022 年 4 月收集学生问卷。总共发放教师—学生匹配问卷 700 对，有效问卷 677 对，有效率 96.7%，样本的人口统计学特征分析如表 6-4 所示。

表 6-4　样本特征

调查对象	特征		人数（%）	特征		人数（%）
教师	性别	男	274（40.5）	年龄	20~30 岁	46（6.8）
					31~40 岁	179（26.4）
		女	403（59.5）		41~50 岁	282（41.7）
					51 岁及以上	170（25.1）
学生	性别	男	330（48.7）	是否班干部	是	133（19.6）
		女	347（51.3）		否	544（80.4）

续表

调查对象	特征		人数（%）	特征	人数（%）
学生	年级	大一	271（40.0）	管理学	68（10.0）
				经济学	64（9.5）
				医学	76（11.2）
		大二	251（37.1）	土木建筑	65（9.6）
				法学	60（8.9）
		大三	82（12.1）	理学	89（13.1）
				农学	82（12.1）
				历史学	72（10.6）
		大四	73（10.8）	艺术学	67（9.9）
				文学	34（5.0）

（专业列跨行：专业）

本研究分别以教师和其学生为对象进行了调查，调查对象的人口统计学特征分析结果见表6-4。教师中，男性占比40.5%，低于女性的59.5%。41~50岁的教师占比最高（41.7%），其次是31~40岁（26.4%）和51岁及以上（25.1%）。学生中男女比例相差不大（男生48.7%，女生51.3%），19.6%的学生是班干部，大一大二的学生占绝大多数（77.1%）。从专业分布来看，各专业比较均衡，占比最多的三个专业是理学（13.1%）、农学（12.1%）和医学（11.2%），文学专业的学生最少（5.0%）。

四、研究方法

本研究采用SPSS 26.0和AMOS 26.0对教师—学生匹配数据进行分析。使用AMOS 26.0验证性因子分析，测量模型的收敛效度、区分效度。使用SPSS 26.0进行控制变量的描述性分析，信效度分析、变量间相关性分析。运用回归分析验证主效应，使用PROCESS分析教师支持和学生创新自我效能感的中介效应和链式中介效应。

第五节 数据分析与结果

一、共同方法偏差验证

本研究通过教师和学生自我报告的方法收集数据，可能会存在共同方法偏差。为了避免共同方法偏差，使用了以下方法：首先，在问卷中将量表进行分页，并在每页回答问题之间提供了适当的休息时间。因此，由此产生的时间差异减少了由相同连续性尺度引起的共同方法偏差的影响（Podsakoff et al.，2003；Aggarwal et al.，2020）。其次，间隔3个月在两个时间节点收集数据，在时间节点1测量自变量（教师内隐追随）。在时间节点2测量中介变量（教师创新支持和学生创新自我效能感）和因变量（学生创造力）。以这种方式收集数据可能会减少共同方法偏差的影响（Atwater and Carmeli，2009）。

我们使用两种方法来检验共同方法偏差。第一，使用哈曼单因素检验。结果表明，提取的四个因子中第一个公因子的方差解释率为12.86%，大大低于Podsakoff等（2003）提出的40%的标准。因此本研究判断数据不存在明显的共同方法偏差。第二，我们进行了潜变量的相关系数检验（见表6-6）。各变量相关系数的绝对值≤0.697，远比0.9小，说明不存在明显共同方法偏差（Podsakoff et al.，2003；Yang et al.，2022）。分析表明，共同方法因子不会对本研究的结果构成任何风险或担忧。

二、变量的信效度分析

表6-5中实施了探索性因子分析和信度分析，Cronbach α 系数均在0.7以上。效度检验结果显示各变量的KMO值均超过了0.7，达到显著水平，表明各变量题项间相关性较高，变量选取合理，选取的样本数据适合进行因子分析。本

研究采用主成分分析法分析，进行 Varimax 方差正交旋转，各变量的特征根都在 1 以上。

表6-5 变量的信效度分析

变量	特征根	方差说明率（%）	Cronbach α	KMO	AVE	CR
教师内隐追随	2.916	32.398	0.737	0.726	0.501	0.87
教师创新支持	4.299	26.868	0.761	0.854	0.523	0.88
创新自我效能感	6.303	37.074	0.875	0.883	0.541	0.92
创造力	2.764	30.707	0.702	0.729	0.564	0.97

在验证性因子分析中，组合信度（CR）值在 0.8 以上，标准化的因子载荷值在 0.5 以上，统计显著性低于 0.05，平均方差萃取值（AVE）在 0.5 以上，则可以认为潜变量间存在收敛效度（Fornell and Larcker, 1981）。本研究在 95% 的显著性水平下，各变量 CR 值均在 0.8 以上，AVE 值均在 0.5 以上，因此本研究各变量间一致性程度较高，存在良好的收敛效度。

三、变量间相关分析和区分效度分析

表 6-6 中标明了各变量的均值、标准差和相关系数。结果表明，教师内隐追随与学生创造力的相关系数是 0.579，在 95% 的显著性水平下呈显著正相关。教师内隐追随与教师创新支持和学生创新自我效能感的相关系数分别是 0.552、0.440，在 95% 的显著性水平下呈显著正相关。变量之间的相关系数——学生创造力与教师创新支持（r=0.697，p<0.01），学生创造力与创新自我效能感（r=0.572，p<0.01），在 95% 的显著性水平下呈显著正相关。

本研究各变量之间的相关系数绝对值最高为 0.697（TCS 和 SC），低于 0.7，可以判断本研究各变量间不存在多重共线性。各变量之间相关系数最高值 0.697 的平方为 0.486，低于 AVE 值中的最低值 0.501（TPIF 的 AVE 值），验证了本研究模型的判别有效性。另外，本研究中潜变量之间的相关性显著，可以进行后续

的实证分析。

表6-6 变量间的相关分析

	Mean	SE	TPIF	TCS	CSE	SC	AVE
TPIF	3.52	0.59					0.501
TCS	3.53	0.43	0.552**				0.523
CSE	3.55	0.54	0.440**	0.420**			0.541
SC	3.56	0.51	0.579**	0.697**	0.572**		0.564

注：①n=677；TPIF=教师内隐追随；TCS=教师创新支持；CSE=创新自我效能感；SC=创造力。②＊表示p<0.05；＊＊表示p<0.01；＊＊＊表示p<0.001。

四、假设检验

本研究使用层次回归法检验教师内隐追随对学生创造力的影响，使用Process检验此影响机制中教师创新支持和学生创新自我效能感的中介作用。

1. 主效应检验

假设1提出教师内隐追随对学生创造力有正向预测作用。本研究采用层次回归法验证这一假设。在SPSS 24.0中将教师内隐追随设为自变量，学生创造力设为因变量，和控制变量一起放入方程。

表6-7中的F值显著，表明该变量适合进行回归分析。教师内隐追随对学生创造力的标准化回归系数 β＝0.601，显著性 p<0.001。因此，教师内隐追随对学生创造力具有显著的正向影响，从而支持假设1。Durbin-Watson（DW）值在0.05水平上显著，表明模型分析结果是可以接受的。

表6-7 主效应检验

变量	学生创造力	
	M1	M2
教师性别	0.120**	−0.003
教师年龄	0.132**	0.038
学生性别	0.033	0.075*
学生年级	0.035	−0.005

续表

变量	学生创造力	
	M1	M2
是否班干部	0.064	0.069*
学生专业	0.073	0.104**
教师内隐追随		0.601***
R^2	0.044	0.357
ΔR^2	0.036	0.350
F	5.167***	52.983***
Durbin-Watson	0.731	

注：*表示$p<0.05$，**表示$p<0.01$，***表示$p<0.001$。

2. 教师支持的中介作用

本研究使用了 Hayes 所开发的 SPSS 24.0 插件 Process 来进行非对称区间估计，基于 Bootstrap 法进行了 5000 次放回抽样，结果如表 6-8 所示。在 95% 的显著性水平下，总效应为 0.579，置信区间为 ［0.337，0.441］；总直接效应值为 0.194，置信区间为 ［0.134，0.253］；总间接效应值为 0.386，置信区间为 ［0.337，0.441］。上述效应值的置信区间均不包含 0，表明整体中介效应显著。

表6-8　中介效应检验

类型	效果值	相对效应值	Bootstrap SE	置信区间	
				低	高
总效应	0.579		0.026	0.337	0.441
直接效应	0.194		0.030	0.134	0.253
总间接效应	0.386		0.026	0.337	0.441
TPIF→TCS→SC	0.258	66.8%	0.022	0.219	0.304
TPIF→CSE→SC	0.087	22.5%	0.013	0.064	0.115
TPIF→TCS→CSE→SC	0.041	10.6%	0.008	0.027	0.058

注：TPIF=教师内隐追随；TCS=教师创新支持；CSE=创新自我效能感；SC=创造力。

在 TPIF→TCS→SC 路径上，TCS 的中介效应为 0.258，在 95% 的显著性水平下，置信区间为［0.219，0.304］，不包含 0，表明中介效应显著。但是控制中介效应后，直接效应依然显著，所以教师创新支持在两者关系中起到部分中介作用。因此假设 2 得到了验证。

在 TPIF→CSE→SC 路径上，CSE 的中介效应为 0.087，在 95% 的显著性水平下，置信区间为［0.064，0.115］，不包含 0，表明中介效应显著。但是控制中介效应后，直接效应依然显著，所以教师创新支持在两者关系中起到部分中介作用。因此假设 3 得到了验证。

在 TPIF→TCS→CSE→SC 路径上，中介效应为 0.041，在 95% 的显著性水平下，置信区间为［0.027，0.058］，不包含 0，表明链式中介效应显著。因此假设 4 得到了验证。

第六节　研究结论和意义

一、研究结论

本研究调查山东省 10 所高校的教师及其学生，通过实证分析，验证了高校教师内隐追随和学生创造力之间的影响机制，现总结如下：

首先，教师内隐追随对学生创造力有正向预测作用。当教师对学生创造力抱有高积极期望时会促进学生创造力的产生，而当教师对学生创造力抱有低期望时，很难促进学生创造力的产生。

其次，教师创新支持在教师内隐追随和学生创造力之间的关系中发挥中介作用。教师对学生的期望存在差异，从而使教师在对学生的支持上表现出不同的态度，同时也会影响到学生的自我期望、成就动机和自我观念，最终会影响到学生创造力的产出，这与李金德和余嘉元（2011）的研究相一致。

再次，学生创新自我效能感在教师内隐追随和学生创造力之间关系中发挥中介作用。教师内隐追随可以提高学生创新自我效能感，进而促使学生的创造性发挥。教师对学生的正面期待能使他们获得创造性的自信，这是培养学生创新的必要条件。具备高创新自我效能感的学生更愿意选择具有挑战性的目标，面对挫折时更能坚持，会展现出更高的创造力（Seo et al.，2015）。

最后，教师支持和学生创新自我效能感在教师内隐追随和学生创造力之间关系中发挥链式中介作用。教师对学生特质的积极期望促使教师给予学生更多关心和支持，同时感受到教师支持的学生会对自己的能力有更高的自信，面对创新过程中的挑战和挫折会有更积极的态度，表现出更高的创造力（陈晓，2006；Chuang et al.，2010）。

二、研究意义

1. 理论意义

创造力作为一种重要的社会经济资本，是大学生在日益严峻的就业市场获得竞争优势的重要因素（李月琴，2019），本研究响应了国家和社会培养大学生创造力的号召，具有重要的教育价值。

本研究旨在将内隐理论引入到教育领域，从而丰富其内涵。本研究从师生两个角度探讨了教师内隐追随对学生创新能力的影响，为学生创造力培养探索了新的角度，为教育领域学生创造力的培养、探索提供了借鉴。

本研究集中在教师内隐追随和学生创造力两个领域，揭示了其内在联系，并着力探讨教师创新支持和学生创新自我效能感在这一过程中的作用。教师对学生的正面期待，使他们更多地关注和支持学生，让学生在创新过程中更加自信，进而促进他们的创造力发展。

2. 实践意义

首先，本研究发现，教师内隐追随正向影响学生创造力，教师创新支持和学生创新自我效能感间接影响学生创造力。因而，教师内隐追随是学生创造力的重要前因变量。对于符合教师内隐追随的学生，教师会为其提供更多关心、支持和帮助，这有助于增强学生创新的信心，促进学生创造力的产生和培养。尽管目前主流观点认为内隐追随是一种稳定的、一旦形成就难以改变的、固定的认知结构（Yip，2013），但是一些学者（Junker and van Dick，2014）认为，内隐追随会随着领导与下属互动经验的积累而不断得以校正。因此，在培养学生的创造性时，教师要不断进行自我调节提高其内隐追随的积极性。

其次，教师支持在教师内隐追随和学生创造力之间的关系中发挥重要的中介作用。这提示教师在学生创造力的培养过程中应该树立积极观念，避免发生区别对待学生的行为。教师应友善对待学生，尊重学生的独立性，在情感和学业上给予学生更多指导与支持，与学生建立良好的师生关系。教师还需要不断学习，提升其在该行业的理论知识与实践经验，随时掌握行业中的新问题和发展趋势，并且不断学习授课技巧来引导学生创造性思考。

最后，学生创新自我效能感在教师内隐追随与学生的创造力的关系中起着重要的中介作用。教师对学生的期望是通过他们的行动来传递的，而这些期望的作用取决于学生将老师的期待转化成自身的内部动力和自我观念。自我效能是大学生创造能力的一个重要心理因素，在学生创造力的产出过程中起到积极的中介作用，高水平的创新自我效能感在教师内隐追随促进学生创造力水平发展过程中起到重要的"桥梁"作用。教师对学生学业上的支持可以强化学生对本专业知识的学习积累和对行业的了解，激发学生的学习热情。学校要保持学生的求知欲，要满足他们的创造需求，要给他们布置富有挑战性的学习任务，要建立一个公平的激励机制，以激发他们的创造性，培养学生创新思维与动手技能。

参 考 文 献

[1] Abelson M A. Examination of avoidable and unavoidable turnover [J].
Journal of Applied Psychology, 1987, 72 (3): 382-386.

[2] Adams J S. Inequity in social exchange [M] //Advances in experimental
social psychology. Academic Press, 1965.

[3] Adams J S. Towards an understanding of inequity [J]. The Journal of Ab-
normal and Social Psychology, 1963, 67 (5): 422-436.

[4] Ahmed W, Minnaert A, van der Werf G, et al. Perceived social support and
early adolescents' achievement: The mediational roles of motivational beliefs and emo-
tions [J]. Journal of Youth and Adolescence, 2010, 39 (1): 36-46.

[5] Aibinu A A, Ling F Y Y, Ofori G. Structural equation modelling of organiza-
tional justice and cooperative behaviour in the construction project claims process: Con-
tractors' perspectives [J]. Construction Management and Economics, 2011, 29
(5): 463-481.

[6] Aiken L S, West S G. Multiple regression: Testing and interpreting interac-
tions [M]. London: Sage Publications, 1991.

[7] Ajzen I. From intentions to actions: A theory of planned behavior [M] //
Action control. Springer, Berlin, Heidelberg, 1985: 11-39.

[8] Alexander S, Ruderman M. The role of procedural and distributive justice in
organizational behavior [J]. Social Justice Research, 1987, 1 (2): 177-198.

[9] Allen D G, Shore L M, Griffeth R W. The role of perceived organizational

support and supportive human resource practices in the turnover process [J]. Journal of Management, 2003, 29 (1): 99-118.

[10] Allen D G, Weeks K P, Moffitt K R. Turnover intentions and voluntary turnover: The moderating roles of self-monitoring, locus of control, proactive personality, and risk aversion [J]. Journal of Applied Psychology, 2005, 90 (5): 90-980.

[11] Amabile T M, Conti R, Coon H, Lazenby J, Herron M. Assessing the work environment for creativity [J]. The Academy of Management Journal, 1996, 39 (5): 1154-1184.

[12] Amabile T M, Hill K G, Hennessey B A, et al. The work preference inventory: Assessing intrinsic and extrinsic motivational orientations [J]. Journal of Personality and Social Psychology, 1994, 66 (5): 950-967.

[13] Amabile T M. A model of creativity and innovation in organizations [J]. Research in Organizational Behavior, 1988, 10 (10): 123-167.

[14] Amabile T M. Creativity in context: Update to the social psychology of creativity [M]. New York: Westview Press, 1996.

[15] Amabile T M. Entrepreneurial creativity through motivational synergy [J]. The journal of Creative Behavior, 1997, 31 (1): 18-26.

[16] Amabile T M. The social psychology of creativity [J]. Journal of Personality and Social Psychology, 1983.

[17] Amabile T M. Componential theory of creativity [C]. Harvard Business School Working Paper, 2012.

[18] Annamaria D F. Positive healthy organizations: Promoting well-being, meaningfulness, and sustainability in organizations [J]. Frontiers in Psychology, 2017 (8): 1938.

[19] Arnold H J, Feldman D C, Purbhoo M. The role of social-desirability response bias in turnover research [J]. The Academy of Management Journal, 1985, 28 (4): 955-966.

[20] Aryee S, Chen Z X, Sun L Y, Debrah Y A. Antecedents and outcomes of abusive supervision: Test of a trickle-down model [J]. The Journal of Applied Psychology, 2007, 92 (1): 191-201.

[21] Aryee S, Chen Z X. Leader-member exchange in a Chinese context: Antecedents, the mediating role of psychological empowerment and outcomes [J]. Journal of Business Research, 2006, 59 (7): 793-801.

[22] Atwater L, Carmeli A. Leader-member exchange, feelings of energy, and involvement in creative work [J]. The Leadership Quarterly, 2009, 20 (3): 264-275.

[23] Avolio B, Walumbwa F O, Weber T J. Leadership: Current theories, research, and future directions [J]. Annual Review of Psychology, 2009 (60): 49-421.

[24] Bandura A, Walters R H. Social learning theory [M]. New York: Prentice Hall: Englewood Cliffs, 1977.

[25] Bandura A. Self-efficacy: The exercise of control [M]. New York: W. H. Freeman, 1997.

[26] Bandura A. Self-efficacy: Toward a unifying theory of behavioral change [J]. Psychological Review, 1977, 84 (2): 191-215.

[27] Bannister B D. Performance outcome feedback and attributional feedback: Interactive effects on recipient responses [J]. Journal of Applied Psychology, 1986, 71 (2): 203-210.

[28] Bargh J A, Chen M, Burrows L. Automaticity of social behavior: Direct effects of trait construct and stereotype activation on action [J]. Journal of Personality and Social Psychology, 1996, 71 (2): 44-230.

[29] Baron R M, Kenny D A. The moderator-mediator variable distinction in social psychological research: Conceptual, strategic, and statistical considerations [J]. Journal of Personality and Social Psychology, 1986, 51 (6): 82-1173.

[30] Barroso C, Perinan M V, Casillas J C. Transformational leadership and followers' attitudes: The mediating role of psychological empowerment [J]. The International Journal of Human Resource Management, 2008, 19 (10): 1842-1863.

[31] Barsalou L W. Ideals, central tendency, and frequency of instantiation as determinants of graded structure in categories [J]. Journal of Experimental Psychology: Learning, Memory, and Cognition, 1985, 11 (4): 54-629.

[32] Basadur M. Leading others to think innovatively together: Creative leadership [J]. The Leadership Quarterly, 2004, 15 (1): 103-121.

[33] Bashshur M R, Hernández A, González – Romá V. When managers and their teams disagree: A longitudinal look at the consequences of differences in perceptions of organizational support [J]. The Journal of Applied Psychology, 2011, 96 (3): 73-558.

[34] Bass B M. On the taming of charisma: A reply to Janice Beyer [J]. The Leadership Quarterly, 1999, 10 (4): 541-553.

[35] Basu R, Green S G. Leader-member exchange and transformational leadership: An empirical examination of innovative behaviors in leader-member dyads [J]. Journal of Applied Social Psychology, 1997, 27 (6): 477-499.

[36] Basu R. An empirical examination of leader-member exchange and transformational leadership as predictors of innovative behavior [D]. Indiana: Purdue University, 1991.

[37] Beghetto R A. Creative self-efficacy: Correlates in middle and secondary students [J]. Creativity Research Journal, 2006, 18 (4): 447-457.

[38] Bennis W. The art of followership: Great followers create great leaders [J]. Leadership Excellence, 2008, 25 (4): 4.

[39] Bies R J, Moag J F. International justice: Communication criteria of fairness [J]. Research on Negotiations in Organizations, 1986.

[40] Blau P M. Justice in Social Exchange [J]. Sociological Inquiry, 1964,

34 (2) .

[41] Bogler R, Somech A. Motives to study and socialization tactics among university students [J] . The Journal of Social Psychology, 2002, 142 (2): 233-248.

[42] Bolino M C, Turnley W H. Relative deprivation among employees in lower-quality leader-member exchange relationships [J] . The Leadership Quarterly, 2009, 20 (3): 276-286.

[43] Boudrias J S, Gaudreau P, Laschinger H. Testing the structure of psychological empowerment: Does gender make a difference? [J] . Educational and Psychological Measurement, 2004, 64 (5): 861-877.

[44] Bouët A, Decreux Y, Fontagné L, et al. A consistent, ad-valorem equivalent measure of applied protection across the world: The MAcMap - HS6 database [J] . SSRN Electronic Journal, 2004.

[45] Brewster A B, Bowen G L. Teacher support and the school engagement of latino middle and high school students at risk of school failure [J] . Child and Adolescent Social Work Journal, 2004, 21 (1): 47-67.

[46] Brophy J E, Good T L. Teacher-student relationships: Causes and consequences [M] . New York: Holt, Rinehart and Winston, 1974.

[47] Brower H H, Schoorman F D, Tan H H. A model of relational leadership: The integration of trust and leader-member exchange [J] . The Leadership Quarterly, 2000, 11 (2): 227-250.

[48] Burton J P, Sablynski C J, Sekiguchi T. Linking justice, performance, and citizenship via leader-member exchange [J] . Journal of Business and Psychology, 2008, 23 (1): 51-61.

[49] Byrne B M. Structural equation modeling with AMOS, EQS, and LISREL: Comparative approaches to testing for the factorial validity of a measuring instrument [J] . International Journal of Testing, 2001, 1 (1): 55-86.

[50] Cable D M, DeRue D S. The convergent and discriminant validity of sub-

jective fit perceptions [J]. The Journal of Applied Psychology, 2002, 87 (5): 875-884.

[51] Campbell D J. The proactive employee: Managing workplace initiative [J]. Academy of Management Perspectives, 2000, 14 (3): 52-66.

[52] Carmeli A, Meitar R, Weisberg J. Self-leadership skills and innovative behavior at work [J]. International Journal of Manpower, 2006, 27 (1): 75-90.

[53] Carsten M K, Uhl-Bien M, West B J, et al. Exploring social constructions of followership: A qualitative study [J]. The Leadership Quarterly, 2010, 21 (3): 543-562.

[54] Carsten M K, Uhl-Bien M. Ethical followership: An examination of followership beliefs and crimes of obedience [J]. Journal of Leadership and Organizational Studies, 2013, 20 (1): 49-61.

[55] Carsten M K, Uhl-Bien M. Implicit followership theories (IFT): Developing and validating an IFT scale for the study of followership [C] //Annual Meeting of the Southern Management Association, Ashville, 2009.

[56] Chang S J, Witteloostuijn A V, Eden L. From the editors: Common method variance in international business research [J]. Journal of International Business Studies, 2010, 41 (2): 178-184.

[57] Chen G, Kirkman B L, Kanfer R, et al. A multilevel study of leadership, empowerment, and performance in teams [J]. Journal of Applied Psychology, 2007, 92 (2): 46-331.

[58] Chen G, Klimoski R J. The impact of expectations on newcomer performance in teams as mediated by work characteristics, social exchanges, and empowerment [J]. Academy of Management Journal, 2003, 46 (5): 591-607.

[59] Chen H F, Chen Y C. The impact of work redesign and psychological empowerment on organizational commitment in a changing environment: An example from Taiwan's state-owned enterprises [J]. Public Personnel Management, 2008, 37 (3):

279-302.

[60] Chen Z X, Tsui A S, Farh J L. Loyalty to supervisor vs. organizational commitment: Relationships to employee performance in China [J]. Journal of Occupational and Organizational Psychology, 2002, 75 (3): 339-356.

[61] Cheng C J, Shiu S C, Chuang C F. The relationship of college students' process of study and creativity: Creative self-efficacy as a mediation [J]. International Journal of Advanced Computer Science, 2012, 2 (3): 105-109.

[62] Choi J N. Person-environment fit and creative behavior: Differential impacts of supplies-values and demands-abilities versions of fit [J]. Human Relations, 2004, 57 (5): 531-552.

[63] Chuang C F, Shiu S C, Cheng C J. The relation of college students' process of study and creativity: The mediating effect of creative self-efficacy [J]. World Academy of Science, Engineering and Technology, 2010, 43 (7): 960-963.

[64] Cobb A T, Folger R, Wooten K. The role justice plays in organizational change [J]. Public Administration Quarterly, 1995.

[65] Cohen Jacob, Cohen Patricia, West Stephen G, Aiken Leona S. Applied Multiple Regression/Correlation Analysis for the Behavioral Sciences [M]. New York: Routledge, 2002.

[66] Collinson D. Rethinking followership: A post-structuralist analysis of follower identities [J]. The Leadership Quarterly, 2006, 17 (2): 179-189.

[67] Colquitt J A, Conlon D E, Wesson M J, et al. Justice at the millennium: A meta-analytic review of 25 years of organizational justice research [J]. Journal of Applied Psychology, 2001, 86 (3): 425-445.

[68] Colquitt J A. On the dimensionality of organizational justice: A construct validation of a measure [J]. Journal of Applied Psychology, 2001, 86 (3): 386-400.

[69] Conger J A, Kanungo R N. Charismatic leadership in organizations [M].

London: Sage Publications, 1998.

[70] Conger J A, Kanungo R N. The empowerment process: Integrating theory and practice [J] . Academy of Management Review, 1988, 13 (3): 471-482.

[71] Corine Boon, Deanne N. Den Hartog, et al. The relationship between perceptions of HR practices and employee outcomes: Examining the role of person-organisation and person-job fit [J] . The International Journal of Human Resource Management, 2011, 22 (1): 138-162.

[72] Corsun D L, Enz C A. Predicting psychological empowerment among service workers: The effect of support-based relationships [J] . Human Relations, 1999, 52 (2): 205-224.

[73] Cotgrove S, Box S. Science, industry and society [M] . London: Routledge, 1970.

[74] Cotton J L, Tuttle J M. Employee turnover: A meta-analysis and review with implications for research [J] . Academy of Management Review, 1986, 11 (1): 55-70.

[75] Coyle P T, Foti R. If you're not with me you're...? Examining prototypes and cooperation in leader-follower relationships [J] . Journal of Leadership and Organizational Studies, 2015, 22 (2): 161-174.

[76] Crisp G, Cruz I. Mentoring college students: A critical review of the literature between 1990 and 2007 [J] . Research in Higher Education, 2009, 50 (6): 525-545.

[77] Cropanzano R, Byrne Z S. Workplace justice and the dilemma of organizational citizenship [M] . London: Routledge, 2000.

[78] Cyboran V L. The influence of reflection on employee psychological empowerment: Report of an exploratory workplace field study [J] . Performance Improvement Quarterly, 2005, 18 (4): 37-49.

[79] Dalton D R, Todor W D. Turnover turned over: An expanded and positive

perspective. [J]. Academy of Management Review, 1979, 4 (2): 225-235.

[80] Danielsen A G, Samdal O, Hetland J, et al. School-related social support and students' perceived life satisfaction [J]. The Journal of Educational Research, 2009, 102 (4): 303-320.

[81] Danielsen A G, Wiium N, Wilhelmsen B U, et al. Perceived support provided by teachers and classmates and students' self-reported academic initiative [J]. Journal of School Psychology, 2010, 48 (3): 247-267.

[82] Dansereau F, Yammarino F J, Markham S E, et al. Individualized leadership: A new multiple-level approach [J]. The Leadership Quarterly, 1995, 6 (3): 413-450.

[83] Dansereau Jr F, Graen G, Haga W J. A vertical dyad linkage approach to leadership within formal organizations: A longitudinal investigation of the role making process [J]. Organizational Behavior and Human Performance, 1975, 13 (1): 46-78.

[84] Day D V, Crain E C. The role of affect and ability in initial exchange quality perceptions [J]. Group and Organization Management, 1992, 17 (4): 380-397.

[85] Deci E L, Eghrari H, Patrick B C, et al. Facilitating internalization: The self-determination theory perspective [J]. Journal of Personality, 1994, 62 (1): 119-142.

[86] Deci E L, Ryan R M. The general causality orientations scale: Self determination in personality [J]. Journal of Research in Personality, 1985, 19 (2): 109-134.

[87] Dedahanov A T, Rhee C, Yoon J. Organizational structure and innovation performance: Is employee innovative behavior a missing link? [J]. Career Development International, 2017, 22 (4): 334-350.

[88] Dedahanov A, Bozorov F, Sung S. Paternalistic leadership and innovative behavior: Psychological empowerment as a mediator [J]. Sustainability, 2019, 11

（6）：1770.

［89］ Derler A, Weibler J. The ideal employee: Context and leaders' implicit follower theories ［J］. Leadership and Organization Development Journal, 2014.

［90］ Deutsch M. Equity, equality, and need: What determines which value will be used as the basis of distributive justice? ［J］. Journal of Social Issues, 1975, 31 （3）：137-149.

［91］ Devens Jr R M. The employee turnover and job openings survey ［J］. Monthly Labor Review, 1992, 115 （3）：29-32.

［92］ Di F A. The psychology of sustainability and sustainable development for well-being in organizations ［J］. Frontiers in Psychology, 2017 （8）：1534.

［93］ Dienesch R M, Liden R C. Leader-member exchange model of leadership: A critique and further development ［J］. Academy of Management Review, 1986, 11 （3）：618-634.

［94］ Donavan D T, Hocutt M A. Exploring the relationship between the service worker's organizational citizenship behaviors and perceived justice: The impact of customer orientation ［C］//American Marketing Association. Conference Proceedings. American Marketing Association, 2002.

［95］ Dulac T, Coyle-Shapiro J A M, Henderson D J, et al. Not all responses to breach are the same: The interconnection of social exchange and psychological contract processes in organizations ［J］. Academy of Management Journal, 2008, 51 （6）：1079-1098.

［96］ Dulebohn J H, Bommer W H, Liden R C, et al. A meta-analysis of antecedents and consequences of leader-member exchange: Integrating the past with an eye toward the future ［J］. Journal of Management, 2012, 38 （6）：1715-1759.

［97］ Duong J. Leaders' conceptions and evaluations of followers as antecedents of leadership style, leader-member exchange and employee outcomes ［D］. Los Angeles: Alliant International University, 2011.

［98］Duradoni M, Annamaria D F. Intrapreneurial self-capital and sustainable innovative behavior within organizations ［J］. Sustainability, 2019, 11 （2）: 322.

［99］Dyne L V, Jehn K A, Cummings A. Differential effects of strain on two forms of work performance: Individual employee sales and creativity ［J］. Journal of Organizational Behavior, 2002, 23 （1）: 57-74.

［100］Eden D. Leadership and expectations: Pygmalion effects and other self-fulfilling prophecies in organizations ［J］. The Leadership Quarterly, 1992, 3 （4）: 271-305.

［101］Eisenberger R, Armeli S, Rexwinkel B, et al. Reciprocation of perceived organizational support ［J］. Journal of Applied Psychology, 2001, 86 （1）: 42-51.

［102］Eisenberger R, Stinglhamber F, Vandenberghe C, et al. Perceived supervisor support: Contributions to perceived organizational support and employee retention ［J］. Journal of Applied Psychology, 2002, 87 （3）: 73-565.

［103］Engle E M, Lord R G. Implicit theories, self-schemas, and leader-member exchange ［J］. Academy of Management Journal, 1997, 40 （4）: 988-1010.

［104］Epitropaki O, Martin R. Implicit leadership theories in applied settings: Factor structure, generalizability, and stability over time ［J］. Journal of Applied Psychology, 2004, 89 （2）: 293-310.

［105］Epitropaki O, Sy T, Martin R, et al. Implicit leadership and followership theories "in the wild": Taking stock of information-processing approaches to leadership and followership in organizational settings ［J］. The Leadership Quarterly, 2013, 24 （6）: 858-881.

［106］Fabio A D, Peiroó J M. Human capital sustainability leadership to promote sustainable development and healthy organizations: A new scale ［J］. Sustainability, 2018, 10 （7）: 1-11.

［107］Fairhurst G T, Rogers L E, Sarr R A. Manager-subordinate control patterns and judgments about the relationship ［J］. Annuals of the International Communication Association, 1987, 10 (1): 395-475.

［108］Farr J L, Ford C M. Individual innovation ［J］. American Psychological Association, 1990.

［109］Farr J L, West M A. Innovation and creativity at work: Psychological and organizational strategies ［M］. New York: John Wiley and Sons, 1990.

［110］Feist G J, Barron F X. Predicting creativity from early to late adulthood: Intellect, potential, and personality ［J］. Journal of Research in Personality, 2003, 37 (2): 62-88.

［111］Feist G J. A meta-analysis of personality in scientific and artistic creativity ［J］. Personality and Social Psychology Review, 1998, 2 (4): 290-309.

［112］Fields D, Pang M, Chiu C. Distributive and procedural justice as predictors of employee outcomes in Hong Kong ［J］. Journal of Organizational Behavior, 2000, 21 (5): 547-562.

［113］Fiske S T, Taylor S E. Social cognition ［M］. New York: Mcgraw-Hill Book Company, 1991.

［114］Folger R, Konovsky M A. Effects of procedural and distributive justice on reactions to pay raise decisions ［J］. Academy of Management Journal, 1989, 32 (1): 115-130.

［115］Ford C M. A theory of individual creative action in multiple social domains ［J］. Academy of Management Review, 1996, 21 (4): 1112-1142.

［116］Fornell C, Larcker D F. Structural equation models with unobservable variables and measurement error: Algebra and statistics ［J］. Journal of Marketing Research, 1981, 18 (1): 39-50.

［117］Foti R J, Hansbrough T K, Epitropaki O, et al. Dynamic viewpoints on implicit leadership and followership theories: Approaches, findings, and future directions ［J］. The Leadership Quarterly, 2017, 28 (2): 261-267.

［118］Foti R, Hansbrough T K, Epitropaki O, et al. Dynamic viewpoints on implicit leadership and followership theories ［J］. The Leadership Quarterly, 2014, 25 (2): 411-412.

［119］ Fraser B J, Fisher D L, McRobbie C J. Development, validation and use of personal and class forms of a new classroom environment instrument ［C］//Annual meeting of the American educational research association, 1996.

［120］ Frijda N H. The emotions ［M］. Cambridge: Cambridge University Press, 1986.

［121］ Furrer C, Skinner E. Sense of relatedness as a factor in children's academic engagement and performance ［J］. Journal of Educational Psychology, 2003, 95 (1): 148-162.

［122］ Gao Y, He W. Corporate social responsibility and employee organizational citizenship behavior: The pivotal roles of ethical leadership and organizational justice ［J］. Management Decision, 2017, 55 (2): 294-309.

［123］ Gefen D, Straub D. A practical guide to factorial validity using PLS-Graph: Tutorial and annotated example ［J］. Communications of the Association for Information Systems, 2005, 16 (1): 91-109.

［124］ George J M, Zhou J. Dual tuning in a supportive context: Joint contributions of positive mood, negative mood, and supervisory behaviors to employee creativity ［J］. Academy of Management Journal, 2007, 50 (3): 605-622.

［125］ George J M, Zhou J. When openness to experience and conscientiousness are related to creative behavior: An interactional approach ［J］. Journal of Applied Psychology, 2001, 86 (3): 24-513.

［126］ Gerstner C R, Day D V. Meta-Analytic review of leader-member exchange theory: Correlates and construct issues ［J］. Journal of Applied Psychology, 1997, 82 (6): 827-844.

［127］ Getzels J W, Csikszentmihalyi M. The creative vision: A longitudinal study of problem finding in art ［M］. New York: John Wiley and Sons, 1976.

[128] Gieter S D, Cooman R D, Hofmans J, et al. Pay-level satisfaction and psychological reward satisfaction as mediators of the organizational justice-turnover intention relationship [J]. International Studies of Management and Organization, 2012, 42 (1): 50-67.

[129] Gong Y, Huang J C, Farh J L. Employee learning orientation, transformational leadership, and employee creativity: The mediating role of employee creative self-efficacy [J]. Academy of Management Journal, 2009, 52 (4): 765-778.

[130] Goodenow C. Classroom belonging among early adolescent students: Relationships to motivation and achievement [J]. The Journal of Early Adolescence, 1993, 13 (1): 21-43.

[131] Goodman E A, Zammuto R F, Gifford B D. The competing values framework: Understanding the impact of organizational culture on the quality of work life [J]. Organization Development Journal, 2001, 19 (3): 58-68.

[132] Goodwin V L, Wofford J C, Boyd N G. A laboratory experiment testing the antecedents of leader cognitions [J]. Journal of Organizational Behavior, 2000, 21 (7): 769-788.

[133] Graen G B, Scandura T A. Toward a psychology of dyadic organizing [J]. Research in Organizational Behavior, 1987 (9): 175-208.

[134] Graen G B, Uhl-Bien M. Relationship-based approach to leadership: Development of leader-member exchange (LMX) theory of leadership over 25 years: Applying a multi-level multi-domain perspective [J]. The Leadership Quarterly, 1995, 6 (2): 219-247.

[135] Graen G B, Wakabayashi M. Cross-cultural leadership making: Bridging American and Japanese diversity for team advantage [J]. Handbook of Industrial and Organizational Psychology, 1994 (4): 415-446.

[136] Graen G, Schiemann W. Leader-member agreement: A vertical dyad linkage approach [J]. Journal of Applied Psychology, 1978, 63 (2): 206.

[137] Greenberg J. A taxonomy of organizational justice theories [J]. Academy of Management Review, 1987, 12 (1): 9-22.

[138] Greenberg J. Justice and organizational citizenship: A commentary on the state of the science [J]. Employee Responsibilities and Rights Journal, 1993, 6 (3): 249-256.

[139] Greenberg J. Organizational justice: Yesterday, today, and tomorrow [J]. Journal of Management, 1990, 16 (2): 399-432.

[140] Greenberg J. Stealing in the name of justice: Informational and interpersonal moderators of theft reactions to underpayment inequity [J]. Organizational Behavior and Human Decision Processes, 1993, 54 (1): 81-103.

[141] Gregory A, Weinstein R S. Connection and regulation at home and in school: Predicting growth in achievement for adolescents [J]. Journal of Adolescent Research, 2004, 19 (4): 405-427.

[142] Gregory B T, Albritton M D, Osmonbekov T. The mediating role of psychological empowerment on the relationships between P-O fit, job satisfaction, and in-role performance [J]. Journal of Business and Psychology, 2010, 25 (4): 639-647.

[143] Guilford J P. Creativity [J]. American Psychologist, 1950, 5 (9): 54-444.

[144] Gumusluoglu L, Ilsev A. Transformational leadership, creativity, and organizational innovation [J]. Journal of Business Research, 2009, 62 (4): 461-473.

[145] Guo S. The review of the implicit followership theories (IFTs) [J]. Psychology, 2018, 9 (4): 623-632.

[146] Hair J F, Anderson R E, Black W C, et al. Multivariate data analysis [M]. New Jersey: Prentice Hall, 1998.

[147] Hakanen J J, Perhoniemi R, Toppinen-Tanner S. Positive gain spirals at

work: From job resources to work engagement, personal initiative and work-unit innovativeness [J]. Journal of Vocational Behavior, 2008, 73 (1): 78-91.

[148] Hancer M, George R T. Psychological empowerment of non-supervisory employees working in full-service restaurants [J]. International Journal of Hospitality Management, 2003, 22 (1): 3-16.

[149] Harman D. A single factor test of common method variance [J]. Journal of Psychology, 1967, 35 (1967): 359-378.

[150] Harris K J, Wheeler A R, Kacmar K M. Leader-member exchange and empowerment: Direct and interactive effects on job satisfaction, turnover intentions, and performance [J]. The Leadership Quarterly, 2009, 20 (3): 371-382.

[151] Harris T B, Li N, Kirkman B L. Leader-member exchange (LMX) in context: How LMX differentiation and LMX relational separation attenuate LMX's influence on OCB and turnover intention [J]. The Leadership Quarterly, 2014, 25 (2): 314-328.

[152] Hatton C, Emerson E. Organizational predictors of perceived staff stress, satisfaction, and intended turnover in a service for people with multiple disabilities [J]. Mental Retardation, 1993, 31 (6): 388.

[153] Hayes A F. An index and test of linear moderated mediation [J]. Multivariate Behavioral Research, 2015, 50 (1): 1-22.

[154] Hayes A F. Introduction to mediation, moderation, and conditional process analysis: A regression-based approach [M]. New York: The Guilford Press, 2017.

[155] Hechanova G, Alampay R B A, Franco E P. Psychological empowerment, job satisfaction and performance among Filipino service workers [J]. Asian Journal of Social Psychology, 2006, 9 (1): 72-78.

[156] Hempill J K, Coons A E. Development of the leader behavior description questionnaire [D]. Columbus: Bureau of Business Research of Ohio State University, 1957.

[157] Henderson D J, Liden R C, Glibkowski B C, et al. LMX differentiation: A multi-level review and examination of its antecedents and outcomes [J] . The Leadership Quarterly, 2009, 20 (4): 517-534.

[158] Hendrix W H, Robbins T, Miller J, et al. Effects of procedural and distributive justice on factors predictive of turnover [J] . Journal of Social Behavior and Personality, 1998, 13 (4): 611.

[159] Higgins A C. Social behavior: Its elementary forms [J] . Social Forces, 1961 (2): 180-181.

[160] Higgins E T. Knowledge activation: Accessibility, applicability, and salience [M] . New York: Guilford Press, 1996.

[161] Hill A, Tan A G, Kikuchi A. International high school students' perceived creativity self-efficacy [J] . The International Journal of Creativity and Problem Solvig, 2008 (18): 105-115.

[162] Hirst G, Van Knippenberg D, Zhou J. A cross-level perspective on employee creativity: Goal orientation, team learning behavior, and individual creativity [J] . Academy of Management Journal, 2009, 52 (2): 280-293.

[163] Hofstede G. Culture's consequences: Comparing values, behaviors, institutions and organizations across nations [M] . London: Sage Publications, 2001.

[164] Hofstede G. Motivation, leadership, and organization: Do American theories apply abroad? [J] . Organizational Dynamics, 1980, 9 (1): 42-63.

[165] Holzinger I, Medcof T, Dunham R. Leader and follower prototypes in an international context: An exploratory study of asia and south america [C] . Proceedings of the 34th Annual Meeting of the Administrative Sciences Association of Canada, 2006.

[166] Hom P W, Kinicki A J. Toward a greater understanding of how dissatisfaction drives employee turnover [J] . Academy of Management Journal, 2001, 44 (5): 975-987.

[167] Hom P W, Mitchell T R, Lee T W, et al. Reviewing employee turnover: Focusing on proximal withdrawal states and an expanded criterion [J]. Psychological Bulletin, 2012, 138 (5): 831-858.

[168] Hoption C, Christie A, Barling J. Submitting to the follower label [J]. Zeitschrift Für Psychologie, 2015.

[169] Howell J M, Hall-Merenda K E. The ties that bind: The impact of leader-member exchange, transformational and transactional leadership, and distance on predicting follower performance [J]. Journal of Applied Psychology, 1999, 84 (5): 680-694.

[170] Hsiung H H, Tsai W C. Job definition discrepancy between supervisors and subordinates: The antecedent role of LMX and outcomes [J]. Journal of Occupational and Organizational Psychology, 2009, 82 (1): 89-112.

[171] Hunt C B, Auster E R. Proactive environmental management: Avoiding the toxic trap [J]. Sloan Management Review, 1990, 31 (2): 7-18.

[172] Hurt H T, Joseph K, Cook C D. Scales for the measurement of innovativeness [J]. Human Communication Research, 1977, 4 (1): 58-65.

[173] Huselid M A, Day N E. Organizational commitment, job involvement, and turnover: A substantive and methodological analysis [J]. Journal of Applied Psychology, 1991, 76 (3): 380-391.

[174] Huseman R C, Hatfield J D, Miles E W. A new perspective on equity theory: The equity sensitivity construct [J]. Academy of Management Review, 1987, 12 (2): 222-234.

[175] Ilies R, Nahrgang J D, Morgeson F P. Leader-member exchange and citizenship behaviors: A meta-analysis [J]. Journal of Applied Psychology, 2007, 92 (1): 77-269.

[176] Isaksen S G, Lauer K J, Ekvall G, et al. Perceptions of the best and worst climates for creativity: Preliminary validation evidence for the situational outlook ques-

tionnaire [J]. Creativity Research Journal, 2001, 13 (2): 171-184.

[177] Jackson L A, Grabski S V. Perceptions of fair pay and the gender wage gap [J]. Journal of Applied Social Psychology, 1988, 18 (7): 606-625.

[178] James K. The social context of organizational justice: Cultural, intergroup, and structural effects on justice behaviors and perceptions [J]. Justice in the Workplace: Approaching Fairness in Human Resource Management, 1993 (1): 21-50.

[179] James L R, Demaree R G, Wolf G. Estimating within-group interrater reliability with and without response bias [J]. Journal of Applied Psychology, 1984, 69 (1): 85-98.

[180] Jang H, Reeve J, Ryan R M, et al. Can self-determination theory explain what underlies the productive, satisfying learning experiences of collectivistically oriented Korean students? [J]. Journal of Educational Psychology, 2009, 101 (3): 644-661.

[181] Janssen O, Van Yperen N W. Employees' goal orientations, the quality of leader-member exchange, and the outcomes of job performance and job satisfaction [J]. Academy of Management Journal, 2004, 47 (3): 368-384.

[182] Janssen O. Job demands, perceptions of effort-reward fairness and innovative work behaviour [J]. Journal of Occupational and Organizational Psychology, 2000, 73 (3): 287-302.

[183] Janssen O. The joint impact of perceived influence and supervisor supportiveness on employee innovative behaviour [J]. Journal of Occupational and Organizational Psychology, 2005, 78 (4): 573-579.

[184] Jay E S, Perkins D N. Problem finding: The search for mechanism [J]. The Creativity Research Handbook, 1997 (1): 257-293.

[185] Jia Y, Way N, Ling G, et al. The influence of student perceptions of school climate on socioemotional and academic adjustment: A comparison of Chinese and American adolescents [J]. Child Development, 2009, 80 (5): 1514-1530.

［186］Johnson R D, Thurston E K. Achieving empowerment using the empowerment strategy grid ［J］. Leadership & Organization Development Journal, 1997, 18 (2): 64-73.

［187］Johnson R E, Selenta C, Lord R G. When organizational justice and the self-concept meet: Consequences for the organization and its members ［J］. Organizational Behavior and Human Decision Processes, 2006, 99 (2): 175-201.

［188］Johnson S K, Murphy S E, Zewdie S, et al. The strong, sensitive type: Effects of gender stereotypes and leadership prototypes on the evaluation of male and female leaders ［J］. Organizational Behavior and Human Decision Processes, 2008, 106 (1): 39-60.

［189］Jong J D, Hartog D. Innovative work behavior: Measurement and validation ［J］. EIM Business and Policy Research, 2008, 8 (1): 1-27.

［190］Jong J D, Hartog D. How leaders influence employees' innovative behaviour ［J］. European Journal of Innovation Management, 2007, 10 (1): 41-64.

［191］Jordan P J, Troth A. Emotional intelligence and leader member exchange: The relationship with employee turnover intentions and job satisfaction ［J］. Leadership and Organization Development Journal, 2011, 32 (3): 260-280.

［192］Joy V L, Witt L A. Delay of gratification as a moderator of the procedural justice distributive justice relationship ［J］. Group and Organization Management, 1992, 17 (3): 297-308.

［193］Junker N M, Van Dick R. Implicit theories in organizational settings: A systematic review and research agenda of implicit leadership and followership theories ［J］. The Leadership Quarterly, 2014, 25 (6): 1154-1173.

［194］Jussim L, Harber K D. Teacher expectations and self-fulfilling prophecies: Knowns and unknowns, resolved and unresolved controversies ［J］. Personality and Social Psychology Review, 2005, 9 (2): 131-155.

［195］Kanter R M. The change masters: Innovation for productivity in the American mode [M]. Simon and Schuster, 1983.

[196] Kanter R M. When a thousand flowers bloom: Structural, collective, and social conditions for innovation in organizations [M]. Routledge, 1988.

[197] Kark R, Shamir B, Chen G. The two faces of transformational leadership: empowerment and dependency [J]. Journal of Applied Psychology, 2003, 88 (2): 246.

[198] Kate M. Andrews, Brian L. Delahaye. Influences On Knowledge processes In Organizational Learning: The Psychosocial Filter [J]. Journal of Management Studies, 2000, 37 (6): 797-810.

[199] Katz D L. The social psychology of organization [M]. New York: John Wiley and Sons, 1966.

[200] Katz D, Kahn R. Commitment and social organization: A study of commitment mechanisms in utopian communicaties [J]. American Sociological Review, 1978, 33 (4): 499-517.

[201] Kedharnath U. The influence of leaders' implicit followership theories on employee outcomes [J]. Academy of Management Proceedings, 2012 (1): 13552.

[202] Keller T, Dansereau F. Leadership and empowerment: A social exchange perspective [J]. Human Relations, 1995, 48 (2): 127-146.

[203] Keller T. Images of the familiar: Individual differences and implicit leadership theories [J]. The Leadership Quarterly, 1999, 10 (4): 589-607.

[204] Kenney R A, Schwartz-Kenney B M, Blascovich J. Implicit leadership theories: Defining leaders described as worthy of influence [J]. Personality and Social Psychology Bulletin, 1996, 22 (11): 1128-1143.

[205] Kierein N M, Gold M A. Pygmalion in work organizations: A meta-analysis [J]. Journal of Organizational Behavior, 2000, 21 (8): 913-928.

[206] Kim B, George R T. The relationship between leader-member exchange (LMX) and psychological empowerment: A quick casual restaurant employee correla-

tion study ［J］. Journal of Hospitality & Tourism Research, 2005, 29 (4): 468-483.

［207］Kim S W, Price J L, Mueller C W, et al. The determinants of career intent among physicians at a US Air Force hospital ［J］. Human Relations, 1996, 49 (7): 947-976.

［208］Kinicki A J, Vecchio R P. Influences on the quality of supervisor-subordinate relations: The role of time-pressure, organizational commitment, and locus of control ［J］. Journal of Organizational Behavior, 1994, 15 (1): 75-82.

［209］Kirkman B L, Rosen B. Beyond self-management: Antecedents and consequences of team empowerment ［J］. Academy of Management Journal, 1999, 42 (1): 58-74.

［210］Kirton M. Have adaptors and innovators equal levels of creativity? ［J］. Psychological Reports, 1978, 42 (3): 695-698.

［211］Klein H J, Kim J S. A field study of the influence of situational constraints leader-member exchange, and goal commitment on performance ［J］. Academy of Management Journal, 1998, 41 (1): 88-95.

［212］Kleysen R F, Street C T. Toward a multi-dimensional measure of individual innovative behavior ［J］. Journal of Intellectual Capital, 2001, 2 (3): 284-296.

［213］Kline R B. Principles and practice of structural equation modeling ［M］. New York: The Guilford Press, 2005.

［214］Koberg C S, Boss R W, Senjem J C, et al. Antecedents and outcomes of empowerment: Empirical evidence from the health care industry ［J］. Group and Organization Management, 1999, 24 (1): 71-91.

［215］Kogokar. Development often interest in the adult world by preschool children ［J］. Creative Personality and Creative Professions, 2016, 4 (5): 38-41.

［216］Kopelman R E, Prottas D J, Falk D W. Construct validation of a Theory X/Y behavior scale ［J］. Leadership & Organization Development Journal, 2010, 31

(1-2): 120-135.

[217] Koys D J, DeCotiis T A. Inductive measures of psychological climate [J]. Human Relations, 1991, 44 (3): 265-285.

[218] Kraimer M L, Seibert S E, Liden R C. Psychological empowerment as a multidimensional construct: A test of construct validity [J]. Educational and Psychological Measurement, 1999, 59 (1): 127-142.

[219] Kraut A I. Predicting turnover of employees from measured job attitudes [J]. Organizational Behavior and Human Performance, 1975, 13 (2): 233-243.

[220] Krishnan V R. Leader-member exchange, transformational leadership, and value system [J]. Journal of Business Ethics and Organization Studies, 2005, 10 (1): 14-21.

[221] Kristof A L. Person-organization fit: An integrative review of its conceptualizations, measurement, and implications [J]. Personnel Psychology, 1996, 49 (1): 1-49.

[222] Kruse E, Sy T. Manipulating implicit theories by inducing affect [C] // Academy of Management Proceedings. Briarcliff Manor, NY 10510: Academy of Management, 2011 (1): 1-6.

[223] Kurtzberg T R, Amabile T M. From Guilford to creative synergy: Opening the black box of team-level creativity [J]. Creativity Research Journal, 2001, 13 (3-4): 285-294.

[224] Lambert E G, Hogan N L, Jiang S, et al. The relationship among distributive and procedural justice and correctional life satisfaction, burnout, and turnover intent: An exploratory study [J]. Journal of Criminal Justice, 2010, 38 (1): 7-16.

[225] Laschinger H K, Shamian J. Staff nurses' and nurse managers' perceptions of job-related empowerment and managerial self-efficacy [J]. The Journal of Nursing Administration, 1994, 24 (10): 38-47.

[226] Lee J Y, Swink M, Pandejpong T. The roles of worker expertise, informa-

tion sharing quality, and psychological safety in manufacturing process innovation: An intellectual capital perspective [J]. Production and Operations Management, 2011, 20 (4): 556-570.

[227] Lee J. Effects of leadership and leader-member exchange on innovativeness [J]. Journal of Managerial Psychology, 2008, 23 (6): 670-687.

[228] Lee J. Leader-member exchange, perceived organizational justice, and cooperative communication [J]. Management Communication Quarterly, 2001, 14 (4): 574-589.

[229] Lee S, Cheong M, Kim M, et al. Never too much? The curvilinear relationship between empowering leadership and task performance [J]. Group and Organization Management, 2017, 42 (1): 11-38.

[230] Li I C, Chen Y C, Kuo H T. The relationship between work empowerment and work stress perceived by nurses at long-term care facilities in Taipei city [J]. Journal of Clinical Nursing, 2008, 17 (22): 3050-3058.

[231] Liden R C, Graen G. Generalizability of the vertical dyad linkage model of leadership [J]. Academy of Management Journal, 1980, 23 (3): 451-465.

[232] Liden R C, Sparrowe R T, Wayne S J. Leader-member exchange theory: The past and potential for the future [J]. Rearch in Personnel and Human Resources Management, 1997 (15): 47-119.

[233] Liden R C, Wayne S J, Sparrowe R T. An examination of the mediating role of psychological empowerment on the relations between the job, interpersonal relationships, and work outcomes [J]. Journal of Applied Psychology, 2000, 85 (3): 16-407.

[234] Liden R C, Wayne S J, Stilwell D. A longitudinal study on the early development of leader-member exchanges [J]. Journal of Applied Psychology, 1993, 78 (4): 662-674.

[235] Lind E A, Tyler T R. The social psychology of procedural justice [M].

Berlin: Springer Science & Business Media, 1988.

[236] Lingard H, Lin J. Career, family and work environment determinants of organizational commitment among women in the Australian construction industry [J]. Construction Management and Economics, 2004, 22 (4): 409-420.

[237] Loi R, Yang J, Diefendorff J M. Four-factor justice and daily job satisfaction: A multilevel investigation [J]. Journal of Applied Psychology, 2009, 94 (3): 770-781.

[238] Lord R G, Brown D J. Leadership processes and follower self-identity [M]. New York: Psychology Press, 2003.

[239] Lord R G, Foti R J, De Vader C L. A test of leadership categorization theory: Internal structure, information processing, and leadership perceptions [J]. Organizational Behavior and Human Performance, 1984, 34 (3): 343-378.

[240] Lord R G, Maher K J. Alternative information-processing models and their implications for theory, research, and practice [J]. Academy of Management Review, 1990, 15 (1): 9-28.

[241] Lord R G, Maher K J. Leadership and information processing: Linking perceptions and performance [M]. New York: Routledge, 1993.

[242] Lu C Q, Siu O L, Cooper C L. Managers' occupational stress in China: The role of self-efficacy [J]. Personality and Individual Differences, 2005, 38 (3): 569-578.

[243] Lubart T I. Models of the creative process: Past, present and future [J]. Creativity Research Journal, 2001, 13 (3-4): 295-308.

[244] Lyons T F. Role clarity, need for clarity, satisfaction, tension, and withdrawal [J]. Organizational Behavior and Human Performance, 1971, 6 (1): 99-110.

[245] Ma G, Chang P C. The impact of the leader-member exchange on innovation behavior: Psychological empowerment as a mediator and emotional intelligence as a

moderator [C] //Proceedings of th 4th International Conference on Humanities Science, Management and Education Technology, 2019.

[246] MacKinnon D P, Lockwood C M, Hoffman J M, et al. A comparison of methods to test mediation and other intervening variable effects [J]. Psychological Methods, 2002, 7 (1): 83-104.

[247] MacKinnon D P. Introduction to Statistical Mediation Analysis [M]. New York: Taylor and Francis Group, 1957.

[248] Maden C. Impact of fit, involvement, and tenure on job satisfaction and turnover intention [J]. The Service Industries Journal, 2014, 34 (14): 1113-1133.

[249] Madjar N, Oldham G R, Pratt M G. There's no place like home? The contributions of work and nonwork creativity support to employees' creative performance [J]. The Academy of Management Journal, 2002, 45 (4): 757-767.

[250] Major B, Adams J B. Role of gender, interpersonal orientation, and self-presentation in distributive-justice behavior [J]. Journal of Personality and Social Psychology, 1983, 45 (3): 598-608.

[251] March J G, Simon H A. Cognitive limits on rationality [J]. Negotiation, Decision Making and Conflict Management, 2005 (3): 201-237.

[252] Marchant G J, Paulson S E, Rothlisberg B A. Relations of middle school students' perceptions of family and school contexts with academic achievement [J]. Psychology in The Schools, 2001, 38 (6): 505-519.

[253] Marsh D R, Mills M J, Kinnison D E, et al. Climate change from 1850 to 2005 simulated in CESM1 (WACCM) [J]. Journal of Climate, 2013, 26 (19): 7372-7391.

[254] Mathieu J E, Zajac D M. A review and meta-analysis of the antecedents, correlates, and consequences of organizational commitment [J]. Psychological Bulletin, 1990, 108 (2): 171-194.

[255] Matta F K, Scott B A, Koopman J, et al. Does seeing "eye to eye" affect work engagement and organizational citizenship behavior? A role theory perspective on LMX agreement [J]. Academy of Management Journal, 2015, 58 (6): 1686-1708.

[256] Mayer R C, Davis J H, Schoorman F D. An integrative model of organizational trust [J]. Academy of Management Review, 1995, 20 (3): 709-734.

[257] Mayfield J, Mayfield M. Increasing worker outcomes by improving leader follower relations [J]. Journal of Leadership Studies, 1998, 5 (1): 72-81.

[258] McGregor D. Leadership and motivation [M]. Cambridge: The MIT Press, 1966.

[259] McConnell C R. Staff turnover: Occasional friend, frequent foe, and continuing frustration [J]. The Health Care Manager, 1999, 18 (1): 1-13.

[260] McFarlin D B, Sweeney P D. Distributive and procedural justice as predictors of satisfaction with personal and organizational outcomes [J]. Academy of Management Journal, 1992, 35 (3): 626-637.

[261] McGregor D. Theory X and theory Y [J]. Organization Theory, 1960, 358 (374): 5.

[262] Menon S T. Psychological empowerment: Definition, measurement, and validation [J]. Canadian Journal of Behavioural Science/Revue Canadienne des Sciences du Comportement, 1999, 31 (3): 161-164.

[263] Messmann G, Mulder R H. Development of a measurement instrument for innovative work behaviour as a dynamic and context-bound construct [J]. Human Resource Development International, 2012, 15 (1): 43-59.

[264] Mobley W H, Griffeth R W, Hand H H, et al. Review and conceptual analysis of the employee turnover process [J]. Psychological Bulletin, 1979, 86 (3): 493-522.

[265] Mobley W H, Horner S O, Hollingsworth A T. An evaluation of precursors of hospital employee turnover [J]. Journal of Applied Psychology, 1978, 63 (4):

14- 408.

[266] Mobley W H. Intermediate linkages in the relationship between job satisfaction and employee turnover [J] . Journal of Applied Psychology, 1977, 62 (2): 237.

[267] Mohammadzadeh Z, Mortazavi S, Lagzian M, Rahimnia F. Toward an exploration of follower's implicit followership theories of Mashhad's large organizations using a qualitative approach [J] . Iranian Journal of Management Studies, 2015, 8 (3): 397-419.

[268] Mom T J M, Bosch F A J V D, Volberda H W. Investigating managers' exploration and exploitation activities: The influence of top-down, bottom-up, and horizontal knowledge inflows [J] . Journal of Management Studies, 2007, 44 (6): 910- 931.

[269] Mueller C W, Parcel T L. Measures of socioeconomic status: Alternatives and recommendations [J] . Child Development, 1981.

[270] Mueller C W, Price J L. Economic, psychological, and sociological determinants of voluntary turnover [J] . Journal of Behavioral Economics, 1990, 19 (3): 321-335.

[271] Multon K D, Brown S D, Lent R W. Relation of self-efficacy beliefs to academic outcomes: A meta-analytic investigation [J] . Journal of Counseling Psychology, 1991, 38 (1): 30-38.

[272] Mumford M D, Scott G M, Gaddis B, et al. Leading creative people: Orchestrating expertise and relationships [J] . The Leadership Quarterly, 2002, 13 (6): 705-750.

[273] Munton A G, West M A. Innovations and personal change: Patterns of adjustment to relocation [J] . Journal of Organizational Behavior, 1995, 16 (4): 363- 375.

[274] Murphy S M, Wayne S J, Liden R C, et al. Understanding social loafing:

The role of justice perceptions and exchange relationships [J] . Human Relations, 2003, 56 (1): 61-84.

[275] Naumann S E, Bennett N. A case for procedural justice climate: Development and test of a multilevel model [J] . Academy of Management Journal, 2000, 43 (5): 881-889.

[276] Nazir S, Qun W, Hui L, et al. Influence of social exchange relationships on affective commitment and innovative behavior: Role of perceived organizational support [J] . Sustainability, 2018, 10 (12): 4418.

[277] Newman R S, Schwager M T. Students' perceptions of the teacher and classmates in relation to reported help seeking in math class [J] . The Elementary School Journal, 1993, 94 (1): 3-17.

[278] Northouse P G. Leadership: Theory and practice [M] . London: Sage Publications, 2021.

[279] Offermann L R, Kennedy J K, Wirtz P W. Implicit leadership theories: Content, structure, and generalizability [J] . The Leadership Quarterly, 1994, 5 (1): 43-58.

[280] Ogunfowora B. When the abuse is unevenly distributed: The effects of abusive supervision variability on work attitudes and behaviors [J] . Journal of Organizational Behavior, 2013, 34 (8): 1105-1123.

[281] Oldham G R, Cummings A. Employee creativity: Personal and contextual factors at work [J] . Academy of Management Journal, 1996, 39 (3): 607-634.

[282] Opoku M A, Choi S B, Kang S W. Servant leadership and innovative behaviour: An empirical analysis of Ghana's manufacturing sector [J] . Sustainability, 2019, 11 (22): 6273.

[283] Organ D W. Organizational citizenship behavior: The good soldier syndrome [M] . Washington Lexington Books/D C Heath and Com, 1988.

[284] Organ D W. The motivational basis of organizational citizenship behavior

[J] . Research in Organizational Behavior, 1990, 12 (1): 43-72.

[285] Osborne C A. Followership and leadership: Promoting unity in academia [J] . Journal of Veterinary Medical Education, 2011, 38 (4): 349-352.

[286] Overall N C, Deane K L, Peterson E R. Promoting doctoral students' research self-efficacy: Combining academic guidance with autonomy support [J] . Higher Education Research & Development, 2011, 30 (6): 791-805.

[287] Ozer E M, Bandura A. Mechanisms governing empowerment effects: A self-efficacy analysis [J] . Journal of Personality and Social Psychology, 1990, 58 (3): 472-486.

[288] O'Reilly C A, Tushman M L. Using culture for strategic advantage: Promoting innovation through social control [J] . Managing Strategic Innovation and change: A Collection of Readings, 1997: 200-216.

[289] Paglis L L, Green S G, Bauer T N. Does adviser mentoring add value? A longitudinal study of mentoring and doctoral student outcomes [J] . Research in Higher Education, 2006, 47 (4): 451-476.

[290] Park N K, Chun M Y, Lee J. Revisiting individual creativity assessment: Triangulation in subjective and objective assessment methods [J] . Creativity Research Journal, 2016, 28 (1): 1-10.

[291] Parker R J, Kohlmeyer J M. Organizational justice and turnover in public accounting firms: A research note [J] . Accounting, Organizations and Society, 2005, 30 (4): 357-369.

[292] Parnes S J, Noller R B, Biondi A M. Guide to creative action [M] . New York: Charles Scribner's Sons, 1977.

[293] Peiró J M, Rodríguez I. Estrés laboral, liderazgo y salud organizacional [J] . Papeles Del Psicólogo, 2008, 29 (1): 68-82.

[294] Pelz D C, Andrews F M, Scientists in organization [M] . New York: John Wiley and Sons, 1966.

[295] Pianta R C. Teacher-child relationships and early literacy [J]. Handbook of Early Literacy Research, 2006 (2): 149-162.

[296] Pieterse A N, Van Knippenberg D, Schippers M, et al. Transformational and transactional leadership and innovative behavior: The moderating role of psychological empowerment [J]. Journal of Organizational Behavior, 2010, 31 (4): 609-623.

[297] Pillai R, Scandura T A, Williams E A. Leadership and organizational justice: Similarities and differences across cultures [J]. Journal of International Business studies, 1999, 30 (4): 763-779.

[298] Plucker J A, Beghetto R A. Why creativity is domain general, why it looks domain specific, and why the distinction does not matter [J]. Cretivity: From Potential to Realization, 2004.

[299] Podsakoff P M, MacKenzie S B, Lee J Y, et al. Common method biases in behavioral research: A critical review of the literature and recommended remedies [J]. Journal of Applied Psychology, 2003, 88 (5): 879.

[300] Porter L W, Steers R M, Mowday R T, et al. Organizational commitment, job satisfaction, and turnover among psychiatric technicians [J]. Journal of Applied Psychology, 1974, 59 (5): 603.

[301] Porter L W, Steers R M. Organizational, work, and personal factors in employee turnover and absenteeism [J]. Psychological Bulletin, 1973, 80 (2): 151.

[302] Preacher K J, Rucker D D, Hayes A F. Addressing moderated mediation hypotheses: Theory, methods, and prescriptions [J]. Multivariate Behavioral Research, 2007, 42 (1): 185-227.

[303] Price J L. Reflections on the determinants of voluntary turnover [J]. International Journal of Manpower, 2001, 22 (7): 600-624.

[304] Price J L. The impact of turnover on the organization [J]. Work and Occupations, 1989, 16 (4): 461-473.

[305] Ramos D. Relationships among leader-member exchange quality, satisfaction with organizational communication, and creativity in entertainment organizations [M] . Los Angeles: Alliant International University, 2004.

[306] Randolph W A. Navigating the journey to empowerment [J] . Organizational Dynamics, 1995, 23 (4): 19-32.

[307] Raymond C. The Leadership-followership dynamic: Making the choice to follow [J] . International Journal of Interdisciplinary Social Sciences, 2010, 5 (8): 25-29.

[308] Reeve J. Teachers as facilitators: What autonomy-supportive teachers do and why their students benefit [J] . The Elementary School Journal, 2006, 106 (3): 225-236.

[309] Ricard N C, Pelletier L G. Dropping out of high school: The role of parent and teacher self-determination support, reciprocal friendships and academic motivation [J] . Contemporary Educational Psychology, 2016, 44: 32-40.

[310] Rinehart J S, Short P M. Job satisfaction and empowerment among teacher leaders, reading recovery teachers, and regular classroom teachers [J] . Project Innovation, 1993.

[311] Roberson Q M, Colquitt J A. Shared and configural justice: A social network model of justice in teams [J] . Academy of Management Review, 2005, 30 (3): 595-607.

[312] Roberson Q M. Justice in teams: The activation and role of sensemaking in the emergence of justice climates [J] . Organizational Behavior and Human Decision Processes, 2006, 100 (2): 177-192.

[313] Roch S G, Shanock L R. Organizational justice in an exchange framework: Clarifying organizational justice distinctions [J] . Journal of Management, 2006, 32 (2): 299-322.

[314] Roeser R W, Eccles J S, Sameroff A J. Academic and emotional functio-

ning in early adolescence: Longitudinal relations, patterns, and prediction by experience in middle school [J] . Development and Psychopathology, 1998, 10 (2): 321–352.

[315] Rosenthal R, Jacobsen L. Pygmalion in the classroom: Self–fulfilling prophecies and teacher expectations [M] . New York: Crown House Publishing, 1968.

[316] Rosenthal R. Interpersonal expectations: Some antecedents and some consequences [M] . Cambridge: Cambridge University Press, 2009.

[317] Rosin H M, Korabik K. Workplace variables, affective responses, and intention to leave among women managers [J] . Journal of Occupational Psychology, 1991, 64 (4): 317–330.

[318] Rothstein M G, Paunonen S V, Rush J C, et al. Personality and cognitive ability predictors of performance in graduate business school [J] . Journal of Educational Psychology, 1994, 86 (4): 516–530.

[319] Runco M A, Jaeger G J. The standard definition of creativity [J] . Creativity Research Journal, 2012, 24 (1): 92–96.

[320] Ryan A M, Gheen M H, Midgley C. Why do some students avoid asking for help? An examination of the interplay among students' academic efficacy, teachers' social–emotional role, and the classroom goal structure [J] . Journal of Educational Psychology, 1998, 90 (3): 528.

[321] Ryan A M, Patrick H. The classroom social environment and changes in adolescents' motivation and engagement during middle school [J] . American Educational Research Journal, 2001, 38 (2): 437–460.

[322] Ryan R M, Stiller J D, Lynch J H. Representations of relationships to teachers, parents, and friends as predictors of academic motivation and self–esteem [J] . The Journal of Early Adolescence, 1994, 14 (2): 226–249.

[323] Scandura T A, Schriesheim C A. Leader–member exchange and supervisor

career mentoring as complementary constructs in leadership research [J]. Academy of Management Journal, 1994, 37 (6): 1588-1602.

[324] Schermuly C C, Meyer B, Dämmer L. Leader-member exchange and innovative behavior [J]. Journal of Personnel Psychology, 2013, 22 (1): 1460-1060.

[325] Scott S G, Bruce R A. Decision-making style: The development and assessment of a new measure [J]. Educational and Psychological Measurement, 1995, 55 (5): 818-831.

[326] Scott S G, Bruce R A. Determinants of innovative behavior: A path model of individual innovation in the workplace [J]. Academy of Management Journal, 1994, 37 (3): 580-607.

[327] Seibert S E, Kraimer M L, Liden R C. A social capital theory of career success [J]. Academy of Management Journal, 2001, 44 (2): 219-237.

[328] Seibert S E, Silver S R, Randolph W A. Taking empowerment to the next level: A multiple-level model of empowerment, performance, and satisfaction [J]. Academy of Management Journal, 2004, 47 (3): 332-349.

[329] Seo Y W, Chae S W, Lee K C. The impact of absorptive capacity, exploration, and exploitation on individual creativity: Moderating effect of subjective well-being [J]. Computers in Human Behavior, 2015, 42: 68-82.

[330] Sethia N K. The Shaping of Creativity in Organizations [J]. Academy of Management Proceedings, 1989 (1): 224-228.

[331] Shalley C E, Zhou J, Oldham G R. The effects of personal and contextual characteristics on creativity: Where should we go from here? [J]. Journal of Management, 2004, 30 (6): 933-958.

[332] Sharifirad M S. Transformational leadership, innovative work behavior, and employee well-being [J]. Global Business Perspectives, 2013, 1 (3): 198-225.

[333] Sharma R, Yetton P, Crawford J. Estimating the effect of common method variance: the method—method pair technique with an illustration from TAM research [J] . MIS Quarterly, 2009, 33 (3): 473-490.

[334] Shin S J, Zhou J. Transformational leadership, conservation, and creativity: Evidence from Korea [J] . Academy of Management Journal, 2003, 46 (6): 703-714.

[335] Shondrick S J, Lord R G. Implicit leadership and followership theories: Dynamic structures for leadership perceptions, memory, and leader-follower processes [J] . International Review of Industrial and Organizational Psychology, 2010, 25: 1-33.

[336] Simmons S. Ascriptive justice: The prevalence, distribution, and consequences of political correctness in the academy [J] . A Journal of Applied Reasearch in Contemporary Politics, 2008.

[337] Sims Jr H P, Faraj S, Yun S. When should a leader be directive or empowering? How to develop your own situational theory of leadership [J] . Business Horizons, 2009, 52 (2): 149-158.

[338] Singer M S. Procedural justice in managerial selection: Identification of fairness determinants and associations of fairness perceptions [J] . Social Justice Research, 1992, 5 (1): 49-70.

[339] Singh M, Sarkar A. The relationship between psychological empowerment and innovative behavior [J] . Journal of Personnel Psychology, 2012.

[340] Siu O, Lu C, Spector P E. Employees' well-being in Greater China: The direct and moderating effects of general self-efficacy [J] . Applied Psychology, 2007, 56 (2): 288-301.

[341] Skarlicki D P, Folger R. Retaliation in the workplace: The roles of distributive, procedural, and interactional justice [J] . Journal of Applied Psychology, 1997, 82 (3): 434-443.

[342] Skinner E, Furrer C, Marchand G, et al. Engagement and disaffection in the classroom: Part of a larger motivational dynamic? [J] . Journal of Educational Psychology, 2008, 100 (4): 765-781.

[343] Smith A D, Rupp W T. Strategic online customer decision making: Leveraging the transformational power of the Internet [J] . Online Information Review, 2003.

[344] Somers M J. Modelling employee withdrawal behaviour over time: A study of turnover using survival analysis [J] . Journal of Occupational and Organizational Psychology, 1996, 69 (4): 315-326.

[345] Spreitzer G M, De Janasz S C, Quinn R E. Empowered to lead: The role of psychological empowerment in leadership [J] . Journal of Organizational Behavior, 1999, 20 (4): 511-526.

[346] Spreitzer G M. Psychological empowerment in the workplace: Dimensions, measurement, and validation [J] . Academy of Management Journal, 1995, 38 (5): 1442-1465.

[347] Spreitzer G M. Social structural characteristics of psychological empowerment [J] . Academy of Management Journal, 1996, 39 (2): 483-504.

[348] Srivastava A P, Dhar R L. Impact of leader member exchange, human resource management practices and psychological empowerment on extra role performances: The mediating role of organisational commitment [J] . International Journal of Productivity and Performance Management, 2016, 65 (3): 351-377.

[349] Stanton-Salazar R. A social capital framework for understanding the socialization of racial minority children and youths [J] . Harvard Educational Review, 1997, 67 (1): 1-41.

[350] Steel R P, Ovalle N K. A review and meta-analysis of research on the relationship between behavioral intentions and employee turnover [J] . Journal of Applied Psychology, 1984, 69 (4): 673.

［351］ Steers R M. Antecedents and outcomes of organizational commitment ［J］. Administrative Science Quarterly, 1977: 46-56.

［352］ Sternberg R J, Lubart T I. An investment theory of creativity and its development ［J］. Human Development, 1991, 34 (1): 1-31.

［353］ Sternberg R J. Implicit theories of intelligence, creativity, and wisdom ［J］. Journal of Personality and Social Psychology, 1985, 49 (3): 607.

［354］ Stokols D, Clitheroe C, Zmuidzinas M. Qualities of work environments that promote perceived support for creativity ［J］. Creativity Research Journal, 2002, 14 (2): 137-147.

［355］ Sy T. What do you think of followers? Examining the content, structure, and consequences of implicit followership theories ［J］. Organizational Behavior and Human Decision Processes, 2010, 113 (2): 73-84.

［356］ Tangirala S, Green S G, Ramanujam R. In the shadow of the boss's boss: Effects of supervisors' upward exchange relationships on employees ［J］. Journal of Applied Psychology, 2007, 92 (2): 309-320.

［357］ Tayfur O, Bayhan Karapinar P, Metin Camgoz S. The mediating effects of emotional exhaustion cynicism and learned helplessness on organizational justice-turnover intentions linkage ［J］. International Journal of Stress Management, 2013, 20 (3): 193.

［358］ Tekleab A G, Takeuchi R, Taylor M S. Extending the chain of relationships among organizational justice, social exchange, and employee reactions: The role of contract violations ［J］. Academy of Management Journal, 2005, 48 (1): 146-157.

［359］ Tett R P, Burnett D D. A personality trait-based interactionist model of job performance ［J］. Journal of Applied Psychology, 2003, 88 (3): 17-500.

［360］ Tett R P, Guterman H A. Situation trait relevance, trait expression, and cross-situational consistency: Testing a principle of trait activation ［J］. Journal of

Research in Personality, 2000, 34 (4): 397-423.

[361] Thibaut J W, Walker L. Procedural justice: A psychological analysis [M]. New York: Lawrence Elbaum, 1975.

[362] Thomas K W, Tymon W G. Does empowerment always work: Understanding the role of intrinsic motivation and personal interpretation [J]. Journal of Management Systems, 1994, 6 (2): 1-13.

[363] Thomas K W, Velthouse B A. Cognitive elements of empowerment: An "interpretive" model of intrinsic task motivation [J]. Academy of Management Review, 1990, 15 (4): 666-681.

[364] Tierney P, Farmer S M, Graen G B. An examination of leadership and employee creativity: The relevance of traits and relationships [J]. Personnel Psychology, 1999, 52 (3): 591-620.

[365] Tierney P, Farmer S M. Creative self-efficacy development and creative performance over time [J]. Journal of Applied Psychology, 2011, 96 (2): 277.

[366] Tierney P, Farmer S M. Creative self-efficacy: Its potential antecedents and relationship to creative performance [J]. Academy of Management Journal, 2002, 45 (6): 1137-1148.

[367] Tierney P, Farmer S M. The Pygmalion process and employee creativity [J]. Journal of Management, 2004, 30 (3): 413-432.

[368] Todd A R, Forstmann M, Burgmer P, et al. Anxious and egocentric: How specific emotions influence perspective taking [J]. Journal of Experimental Psychology: General, 2015, 144 (2): 91-374.

[369] Tram-Quon S. An exploratory study on the development of an implicit measure of implicit followership theory using the implicit association test [M]. California: University of California, 2013.

[370] Tyler T R, Lind E A. A relational model of authority in groups [J]. Advances in Experimental Social Psychology, 1992 (25): 115-191.

[371] Uhl-Bien M, Pillai R. The romance of leadership and the social construction of followership [J]. Follower-centered Perspectives on Leadership, 2007: 187–209.

[372] Valenzula A. Subtractive schooling: US Mexican youth and the politics of caring [M]. New York: State University of New York Press, 1999.

[373] Van Gils S, Van Quaquebeke N, Van Knippenberg D. The X-factor: On the relevance of implicit leadership and followership theories for leader–member exchange agreement [J]. European Journal of Work and Organizational Psychology, 2010, 19 (3): 333–363.

[374] Ven V D. Central problems in the management of innovation [J]. Management Science, 1986, 32 (5): 590–607.

[375] Viswesvaran C, Ones D S. Examining the construct of organizational justice: A meta-analytic evaluation of relations with work attitudes and behaviors [J]. Journal of Business Ethics, 2002, 38 (3): 193–203.

[376] Vogt J F, Murrell K L. Empowerment in organizations: How to spark exceptional performance [M]. Pfeiffer and Company, 1990.

[377] Volmer J, Spurk D, Niessen C. Leader-member exchange (LMX), job autonomy, and creative work involvement [J]. The leadership Quarterly, 2012, 23 (3): 456–465.

[378] Vries R, Gelde J. Leadership and need for leadership [J]. Essays and Explorations Information Age Publishing, 2005.

[379] Wallas G. The art of thought [M]. Poole: Solis Press, 2014.

[380] Walster E, Berscheid E, Walster G W. New directions in equity research [J]. Journal of Personality and Social Psychology, 1973, 25 (2): 151.

[381] Wang A C, Cheng B S. When does benevolent leadership lead to creativity? The moderating role of creative role identity and job autonomy [J]. Journal of Organizational Behavior, 2010, 31 (1): 106–121.

[382] Wang H, Li Y. The relationship between positive followers' implicit followership and employee's innovation behavior [J]. The Journal of Quantiative Economics, 2017 (2): 12.

[383] Wang R, Jiang J. How abusive supervisors influence employees' voice and silence: The effects of interactional justice and organizational attribution [J]. The Journal of Social Psychology, 2015, 155 (3): 204-220.

[384] Wang W, Mao J, Wu W, et al. Abusive supervision and workplace deviance: The mediating role of interactional justice and the moderating role of power distance [J]. Asia Pacific Journal of Human Resources, 2012, 50 (1): 43-60.

[385] Ward W C. Creativity in young children [J]. The Journal of Creative Behavior, 1974.

[386] Wayne S J, Green S A. The effects of leader-member exchange on employee citizenship and impression management behavior [J]. Human Relations, 1993, 46 (12): 1431-1440.

[387] Wayne S J, Liden R C, Sparrowe R T. Developing leader-member exchanges: The influence of gender and ingratiation [J]. American Behavioral Scientist, 1994, 37 (5): 697-714.

[388] Wentzel K R. Social relationships and motivation in middle school: The role of parents, teachers, and peers [J]. Journal of Educational Psychology, 1998, 90 (2): 202.

[389] Wentzel K R. Student motivation in middle school: The role of perceived pedagogical caring [J]. Journal of Educational Psychology, 1997, 89 (3): 411.

[390] West M A, Farr J L. Innovation at work: Psychological perspectives [J]. Social Behaviour, 1989, 4 (1): 15-30.

[391] West M A, Farr J L. Innovation and creativity at work: Psychological and organizational strategies [M]. New York: John Wiley & Sons, 1990.

[392] Whiteley P, Sy T, Johnson S K. Leaders' conceptions of followers: Impli-

cations for naturally occurring Pygmalion effects [J]. The Leadership Quarterly, 2012, 23 (5): 822-834.

[393] Williams L J, Hazer J T. Antecedents and consequences of satisfaction and commitment in turnover models: A reanalysis using latent variable structural equation methods [J]. Journal of Applied Psychology, 1986, 71 (2): 219-231.

[394] Woodman R W, Sawyer J E, Griffin R W. Toward a theory of organizational creativity [J]. Academy of Management Review, 1993, 18 (2): 293-321.

[395] Woolley M E, Kol K L, Bowen G L. The social context of school success for Latino middle school students: Direct and indirect influences of teachers, family, and friends [J]. The Journal of Early Adolescence, 2009, 29 (1): 43-70.

[396] Yagil D. The relationship of service provider power motivation, empowerment and burnout to customer satisfaction [J]. International Journal of Service Industry Management, 2006, 17 (3): 258-270.

[397] Yip J.. How implicit assumptions about followers shape the mentoring behaviors of top executives [J]. Academy of Management Annual Meeting Proceedings, 2013.

[398] Yu C, Frenkel S J. Explaining task performance and creativity from perceived organizational support theory: Which mechanisms are more important? [J]. Journal of Organizational Behavior, 2013, 34 (8): 1165-1181.

[399] Yu M C, Mai Q, Tsai S B, Dai Y. An empirical study on the organizational trust, employee-organization relationship and innovative behavior from the integrated perspective of social exchange and organizational sustainability [J]. Sustainability, 2018, 10 (3): 864.

[400] Yu M, Lee H. Impact of resilience and job involvement on turnover intention of new graduate nurses using structural equation modeling [J]. Japan Journal of Nursing Science, 2018, 15 (4): 351-362.

[401] Yuan F, Woodman R W. Innovative behavior in the workplace: The role of

performance and image outcome expectations ［J］. Academy of management Journal, 2010, 53（2）: 323-342.

［402］Yıldırım S. Teacher support, motivation, learning strategy use, and achievement: A multilevel mediation model ［J］. The Journal of Experimental Education, 2012, 80（2）: 150-172.

［403］Y. Gong. Employee learning orientation, transformational leadership, and employee creativity: The mediating role of employee creative self-efficacy ［J］. Development and Learning in Organizations: An International Journal, 2010, 24（2）: 1477-7284.

［404］Zeffane R M. Understanding employee turnover: The need for a contingency approach ［J］. International Journal of Manpower, 1994.

［405］Zhang X, Bartol K M. Linking empowering leadership and employee creativity: The influence of psychological empowerment, intrinsic motivation, and creative process engagement ［J］. Academy of Management Journal, 2010, 53（1）: 107-128.

［406］Zhou J, George J M. Awakening employee creativity: The role of leader emotional intelligence ［J］. The Leadership Quarterly, 2003, 14（4-5）: 545-568.

［407］Zhou J, Shalley C E. Expanding the scope and impact of organizational creativity research ［J］. Handbook of Organizational Creativity, 2008, 28（1）: 125-147.

［408］曹元坤, 祝振兵. 内隐追随理论: 概念、测量、前因及后果 ［J］. 心理科学进展, 2015, 23（2）: 280-288.

［409］陈聪. 员工核心自我评价、组织公平对个体创新行为的关系研究 ［D］. 哈尔滨工程大学硕士学位论文, 2015.

［410］陈晓. 组织创新氛围影响员工创造力的过程模型研究 ［D］. 浙江大学硕士学位论文, 2006.

［411］陈旭, 张大均, 程刚, 等. 教师支持与心理素质对中学生学业成绩的

影响 [J] 心理发展与教育，2018，34（6）：707-714.

[412] 褚福斌，陈志全. 导师内隐追随量表的开发与验证 [J]. 淮北师范大学学报（哲学社会科学版），2020，41（3）：75-81.

[413] 崔勋. 员工个人特性对组织承诺与离职意愿的影响研究 [J]. 南开管理评论，2003（4）：4-11.

[414] 丁琳，席酉民. 变革型领导对员工创造力的作用机理研究 [J]. 管理科学，2008，21（6）：40-46.

[415] 樊景立，郑伯熏. 华人组织的家长式领导：一项文化观点的分析 [J]. 本土心理学研究，2000（13）：126-180.

[416] 符健春，付萍. 人力资本与职业流动的关系研究：社会资本的角色 [J]. 人类工效学，2008（3）：36-40.

[417] 符健春，潘陆山，彭燕飞. 人—组织匹配与离职意向：组织承诺的中介效应研究 [J]. 技术经济，2008（4）：122-128.

[418] 付宁. 内隐追随对员工创新绩效的影响 [D]. 重庆大学硕士学位论文，2017.

[419] 傅蕾. 内部归因有助于激发学习动机？——基于开放教育学习者自我效能感中介效应的分析 [J]. 开放教育研究，2019，25（6）：93-102.

[420] 淦未宇，刘伟，徐细雄. 组织支持感对新生代农民工离职意愿的影响效应研究 [J]. 管理学报，2015，12（11）：1623-1631.

[421] 高雪冬，刘兵，徐千. 不同情境格局下组织公平结果变量研究——基于元分析的视角 [J]. 河北经贸大学学报，2015，36（3）：92-98.

[422] 葛翠霞，王烈，马洪林. 护士组织支持感与离职意愿关系 [J]. 中国公共卫生，2013，29（5）：734-736.

[423] 顾远东，彭纪生. 创新自我效能感对员工创新行为的影响机制研究 [J]. 科研管理，2011，32（9）：63-73.

[424] 顾远东，周文莉，彭纪生. 组织支持感对研发人员创新行为的影响机制研究 [J]. 管理科学，2014，27（1）：109-119.

［425］顾远东. 工作压力如何影响员工离职？——基于 Maslach 职业倦怠模型的实证研究［J］. 经济管理，2010，32（10）：80-85.

［426］关莹. 组织公平对员工创造力影响研究［D］. 上海交通大学硕士学位论文，2009.

［427］郭衍宏，兰玲. 领导的消极认知引发下属的离职倾向——内隐追随理论视角下情绪枯竭与心理资本的作用［J］. 技术经济与管理研究，2018（10）：64-67.

［428］郭衍宏，兰玲. 中国情境下内隐追随理论的建构与测量［J］. 中国人力资源开发，2017（7）：25-37.

［429］韩宏稳. 新生代员工为何频频离职——基于组织公平视角的实证研究［J］. 贵州财经大学学报，2016（1）：61-69.

［430］洪素苹，林珊如. What ever you say, I can do it-"学生创意自我效能量表"之编制［C］. 2004 年中国台湾第二届"创新与创造力"研讨会，2004.

［431］洪素苹. 重要他人回馈、创意自我效能、内、外在动机对创意行为的影响：社会认知理论为基础的结构方程模式检验［D］. 中国台湾"国立"交通大学教育研究所硕士学位论文，2005.

［432］胡保玲. 导师支持、同学支持对研究生创新行为的影响：积极情绪的中介作用［J］. 黑龙江高教研究，2017（9）：117-120.

［433］黄春艳. 硕士研究生创造性动机、创造性自我效能与创造性表现的关系［D］. 华中师范大学硕士学位论文，2009.

［434］黄磊，周小兰. 领导—成员交换与员工离职倾向的 U 型关系研究［J］. 安徽工业大学学报（社会科学版）［J］. 2009，26（3）：32-36.

［435］姜道奎，于梦晓，柏群. 人与组织匹配、信任倾向与工作绩效——一个有调节的中介模型［J］. 中国人力资源开发，2018，35（1）：37-47.

［436］蒋春燕. 员工公平感与组织承诺和离职倾向之间的关系：组织支持感中介作用的实证研究［J］. 经济科学，2007（6）：118-128.

［437］孔茗，钱小军. 被领导者"看好"的员工其行为也一定好吗？——

内隐追随对员工行为的影响［J］．心理学报，2015，47（9）：1162-1171.

［438］孔茗，袁悦，钱小军．领导—成员喜欢一致性对员工工作投入的影响及其机制［J］．南开管理评论，2017，20（6）：104-115.

［439］孔茗．内隐追随研究进展——从员工视角分析领导过程［J］．技术经济，2016，35（2）：123-130.

［440］雷星晖，单志汶，苏涛永，等．谦卑型领导行为对员工创造力的影响研究［J］．管理科学，2015，28（2）：115-125.

［441］李超平，李晓轩，时勘，等．授权的测量及其与员工工作态度的关系［J］．心理学报，2006（1）：99-106.

［442］李杰义，来碧波．整体薪酬感知与创新自我效能感对员工创新行为的影响——基于长三角地区制造企业的实证研究［J］．华东经济管理，2018，32（12）：63-70.

［443］李金德，余嘉元．教师创新支持行为、学生创新自我效能感和创造性思维的关系研究［J］．宁波大学学报（教育科学版），2011，33（2）：44-48.

［444］李金德．创新自我效能感及其对创造性思维的中介和调节作用［D］．南京师范大学硕士学位论文，2011.

［445］李鹏，张剑，杜斑．薪酬公平感、创造性人格对员工创造性绩效的影响［J］．管理评论，2017，29（11）：106-115.

［446］李维，白颖颖．初二学生感知的教师支持如何影响学业成绩？——基于学业自我效能感与学习投入的多重中介效应分析［J］．教育与经济，2018（6）：86-92.

［447］李宪印，杨博旭，姜丽萍，等．职业生涯早期员工的工作满意度、组织承诺与离职倾向关系研究［J］．中国软科学，2018（1）：163-170.

［448］李秀，彭淑贞，王慧．基于Deutsch合作理论的山东省体旅企业合作模式创新与运行机制研究［J］．商展经济，2021（14）：29-32.

［449］李颖，王振华，王卫征．支持性人力资源实践、自我效能感与创新行为的关系研究［J］．科技管理研究，2009，29（10）：478-480+490.

［450］林碧芳，邱皓政．中小学教师创意教学自我效能感——从概念到评鉴工具的发展［C］．2004学年度师范学院教育学术论文发表会论文集．台南师范学院，2004.

［451］刘成科，王少，孔燕．科研创新能力提升的内生路径——科研自我效能感作用机制初探［J］．科学管理研究，2018，36（3）：20-23.

［452］刘文彬，唐杰．绩效反馈对新生代员工反生产行为的影响机制——反馈效价视角的理论模型与案例研究［J］．经济管理，2015（6）：188-199.

［453］刘云，石金涛．授权理论的研究逻辑——心理授权的概念发展［J］．上海交通大学学报（哲学社会科学版），2010，18（1）：54-59.

［454］刘云枫，姚振瑀．导师支持行为对研究生创造力的影响——以信任为干扰变量［J］．情报杂志，2010，29（S1）：6-9.

［455］刘占波．大学生自我效能感对创造力的预测：班级氛围的调节作用［D］．山东师范大学硕士学位论文，2019.

［456］刘智强，邓传军，廖建桥，等．组织支持、地位认知与员工创新：雇佣多样性视角［J］．管理科学学报，2015，18（10）：80-94.

［457］罗瑾琏，闫佳祺，贾建锋．社会建构视角下员工积极追随特质对追随行为的影响研究［J］．管理学报，2018，15（7）：971-979.

［458］罗瑾琏，张波，钟竞．认知风格与组织氛围感知交互作用下的员工创造力研究［J］．科学学与科学技术管理，2013，34（2）：144-151.

［459］马淑婕，陈景秋，王垒．员工离职原因的研究［J］．中国人力资源开发，2003（9）：18-20.

［460］马迎霜，马君，张昊民．创新性工作要求与员工创造力：一个被调节的中介模型［J］．预测，2018，37（1）：8-14.

［461］马迎霜，张昊民，马君．外生到内化：创新性工作要求对员工创造力的影响机制研究［J］．华东经济管理，2018，32（5）：120-127.

［462］倪亚琨，郭腾飞，王明辉．德之大者能成为有效的管理者吗？个人品德对精神型领导的影响：一个有中介的调节模型［J］．心理科学，2019，42

（2）：358-364.

［463］欧阳丹．教师期望、学业自我概念、学生感知教师支持行为与学业成绩之间的关系研究［D］．广西师范大学硕士学位论文，2005.

［464］欧阳玲．工作生活品质与临床护理人员离职意愿之研讨：以台南地区综合医院为例［J］．1994.

［465］潘持春．工作满意度和组织承诺对管理人员离职倾向的影响［J］．经济管理，2009，31（3）：66-70.

［466］彭坚，冉雅璇，康勇军，等．事必躬亲还是权力共享？——内隐追随理论视角下领导者授权行为研究［J］．心理科学，2016，39（5）：1197-1203.

［467］彭坚，王霄，冉雅璇，等．积极追随特质一定能提升工作产出吗——仁慈领导的激活作用［J］．南开管理评论，2016，19（4）：135-146.

［468］彭坚，王霄．与上司"心有灵犀"会让你的工作更出色吗？——追随原型一致性、工作投入与工作绩效［J］．心理学报，2016，48（9）：1151-1162.

［469］彭坚，王霄．追随力认知图式：概念解析与整合模型［J］．心理科学，2015，38（4）：822-827.

［470］彭坚，王震，侯楠．你和上司合拍吗？组织中的上下级匹配［J］．心理科学进展，2019，27（2）：370-380.

［471］彭坚，王震．做上司的"意中人"：负担还是赋能？追随原型—特质匹配的双刃剑效应［J］．心理学报，2018，50（2）：216-225.

［472］秦晓军．工作满意度、组织承诺与离职倾向关系的研究综述［J］．内蒙古科技与经济，2016（7）：42-44.

［473］任红军，梁巧转．企业的创新能力、行业地位与员工离职意图的关系研究［J］．南开管理评论，2005（4）：28-29+32.

［474］石冠峰，韩宏稳．新生代知识型员工激励因素分析及对策［J］．企业经济，2014，33（11）：62-66.

［475］孙健敏，王震．人—组织匹配研究述评：范畴、测量及应用［J］．

首都经济贸易大学学报，2009，11（03）：16-22.

　　［476］谭小宏，侯小兵，唐怡．基于学生评价的高校教师创新支持行为的调查研究［J］．绵阳师范学院学报，2018，37（3）：16-20.

　　［477］唐金湘．本土化组织文化情境下内隐追随的测量、内容与影响［J］．领导科学，2018（14）：27-29.

　　［478］田辉．组织公平、组织承诺与离职倾向关系研究［J］．学习与探索，2014（2）：114-118.

　　［479］王登峰，崔红．行为的跨情境一致性及人格与行为的关系——对人格内涵及其中西方差异的理论与实证分析［J］．心理学报，2006（4）：543-552.

　　［480］王冬冬，何洁．领导成员交换差异与员工创造力：跨层次模型与检验［J］．华东经济管理，2016，30（7）：45-51.

　　［481］王端旭，洪雁．领导支持行为促进员工创造力的机理研究［J］．南开管理评论，2010，13（4）：109-114.

　　［482］王端旭，赵轶．工作自主性、技能多样性与员工创造力：基于个性特征的调节效应模型［J］．商业经济与管理，2011（10）：43-50.

　　［483］王昊．创造性教学行为、中小学生创意自我效能与其创造力的关系［D］．山东师范大学硕士学位论文，2017.

　　［484］王弘钰，李云剑．员工积极内隐追随对创新行为的影响机制研究［J］．数量经济研究，2017，8（2）：132-144.

　　［485］王弘钰，李云剑．中国本土情境下内隐追随的维度与量表开发——基于形成性指标的维度构建方法［J］．厦门大学学报（哲学社会科学版），2018（1）：78-85.

　　［486］王弘钰，王辉．社会认同视域下农民工劳动偏差行为形成机制［J］．吉林大学社会科学学报，2015，55（2）：45-52+172.

　　［487］王婕．大学生领导力对创造力影响机理——基于结构方程模型的实证研究［J］．中国高教研究，2014（1）：84-89.

　　［488］王惊．双视角下积极追随原型对领导授权赋能行为和员工创新行为影

响机制的研究［D］．吉林大学博士学位论文，2019.

［489］王晓玲，张景焕，初玉霞，等．小学儿童家庭环境、创意自我效能与创造力的关系［J］．心理学探新，2009，29（5）：46-50+66.

［490］王旭坤．父母参与、创意自我效能与中学生创造力的关系［D］．山东师范大学硕士学位论文，2018.

［491］王颖，张晓怡，王建民．本科生导师指导对新生大学适应性的影响：自我效能感的中介作用［J］．应用心理学，2017，23（2）：143-151.

［492］王永跃，张玲．心理弹性如何影响员工创造力：心理安全感与创造力自我效能感的作用［J］．心理科学，2018，41（1）：118-124.

［493］王元元，时勘，殷融．多重匹配因素对员工工作投入的影响机制：员工—主管匹配的调节效应［J］．中国人力资源开发，2018，35（1）：27-36+93.

［494］王站杰，买生，李万明．组织公平氛围对员工离职意愿的影响——企业社会责任被中介的调节效应模型［J］．科研管理，2017，38（8）：101-109.

［495］王震，彭坚．何时"施恩"，何时"树威"？内隐追随理论视角下家长式领导行为的诱发机制［J］．人力资源管理评论，2016（0）：35-47.

［496］翁清雄，席酉民．职业成长与离职倾向：职业承诺与感知机会的调节作用［J］．南开管理评论，2010，13（2）：119-131.

［497］吴杲，杨东涛．两代农民工离职影响因素研究——基于实证调查的证据及启示［J］．南京社会科学，2014（6）：57-63.

［498］吴剑琳，干茜，古继宝．导师自主性支持对研究生创造力影响机制研究［J］．科研管理，2014，35（7）：154-160.

［499］吴维库，关鑫，胡伟科．领导情绪智力水平与领导绩效关系的实证研究［J］．科学学与科学技术管理，2011，32（8）：173-179.

［500］奚玉芹，戴昌钧，杨慧辉．人—组织价值观匹配、工作满意和离职倾向［J］．南京师大学报（社会科学版），2014（1）：38-47.

［501］谢俊，汪林，储小平，等．组织公正视角下的员工创造力形成机制及心理授权的中介作用［J］．管理学报，2013，10（2）：206-212.

［502］谢礼珊，张燕．组织公正性、感觉中的企业支持与员工心理受权关系实证研究［J］．北京第二外国语学院学报，2005（5）：28-33+21.

［503］徐辰雪．员工离职倾向研究进展综述［J］．经营与管理，2014（4）：124-128.

［504］徐振亭，罗瑾琏．自我牺牲型领导对员工创造力的影响——创造力支持氛围的跨层次效应［J］．科学学与科学技术管理，2016，37（11）：166-180.

［505］严丹，张立军．组织公平对组织承诺及组织公民行为影响［J］．工业工程与管理，2010，15（3）：76-80+104.

［506］阳莉华．大学生创新效能感量表的初步编制［J］．中国健康心理学杂志，2007（4）：297-299.

［507］杨春江，逯野，杨勇．组织公平与员工主动离职行为：工作嵌入与公平敏感性的作用［J］．管理工程学报，2014，28（1）：16-25.

［508］杨付，张丽华．团队沟通、工作不安全氛围对创新行为的影响：创造力自我效能感的调节作用［J］．心理学报，2012，44（10）：1383-1401.

［509］杨红玲，彭坚．内隐追随理论研究述评［J］．外国经济与管理，2015，37（3）：16-26.

［510］杨坚，吴悦，张研．医护人员工作投入、工作倦怠对离职倾向与任务绩效的预测［J］．中国卫生事业管理，2017，34（1）：60-64.

［511］杨英，李伟．人—组织匹配对员工创新行为的影响——心理授权的中介作用［J］．中国流通经济，2012，26（6）：72-75.

［512］姚艳虹，范盈盈．个体—组织匹配对创新行为的影响——中庸思维与差序氛围的调节效应［J］．华东经济管理，2014，28（11）：123-127.

［513］姚艳虹，周惠平，李扬帆，等．伦理型领导对员工创新行为的影响［J］．统计与信息论坛，2015，30（2）：94-99.

［514］叶宝娟，符皓皓，雷希，等．组织公平感对农村幼儿教师离职倾向的影响：有调节的中介模型［J］．中国临床心理学杂志，2018，26（5）：1030-1033.

[515] 衣新发，蔡曙山，刘钰．文化因素影响创造力的实证研究［J］．社会科学论坛，2010（8）：4-12．

[516] 尹奎，孙健敏，邢璐，等．研究生科研角色认同对科研创造力的影响：导师包容性领导、师门差错管理氛围的作用［J］．心理发展与教育，2016，32（5）：557-564．

[517] 尹世平，王菲，吕恒林，等．基于科研实践探讨研究生创新能力的培养机制［J］．教育教学论坛，2019（4）：106-107．

[518] 于桂兰，付博．上下级关系对组织政治知觉与员工离职倾向影响的被中介的调节效应分析［J］．管理学报，2015，12（6）：830-838．

[519] 袁凌，王烨，陈俊．组织承诺对员工离职行为影响的实证研究［J］．湖南大学学报（自然科学版），2007（6）：85-88．

[520] 曾垂凯．情感承诺对LMX与员工离职意向关系的影响［J］．管理评论，2012，24（11）：106-113+157．

[521] 曾贱吉，胡培，蒋玉石．员工对工作满意度、离职倾向影响的实证研究——基于组织政治知觉的角度［J］．山西财经大学学报，2010，32（2）：104-109．

[522] 张红兵．大学生感知到的教师支持、自我决定动机与学业情绪的关系［D］．哈尔滨工程大学硕士学位论文，2012．

[523] 张洪福，刘彦慧，杨洋，刘璟莹．在职护士离职倾向相关因素分析［J］．中华护理杂志，2015，50（2）：155-160．

[524] 张建琦，汪凡．民营企业职业经理人流失原因的实证研究——对广东民营企业职业经理人离职倾向的检验分析［J］．管理世界，2003（9）：129-135．

[525] 张伶，连智华，聂婷．社会支持如何提高员工绩效？——通过工作#1#家庭促进为中介的调节效应［J］．经济管理，2017，39（6）：116-128．

[526] 张勉，李树苗．雇员主动离职心理动因模型评述［J］．心理科学进展，2002（3）：330-341．

［527］张庆林，赵玉芳．心理发展与教育［M］．重庆：重庆出版社，2006.

［528］张亚军，肖小虹．挑战性—阻碍性压力对员工创造力的影响研究［J］．科研管理，2016, 37（6）：10-18.

［529］张阳．领导—成员交换、心理资本与互联网行业员工离职倾向的关系研究［D］．华中师范大学硕士学位论文，2016.

［530］赵君伟．领导者内隐追随者理论对员工组织公民行为之影响［D］．中国台湾东华大学硕士学位论文，2013.

［531］赵新宇，尚玉钒，李瑜佳．基于高校科研团队的领导语言框架、工作复杂性、认知评价与创造力关系研究［J］．管理学报，2016, 13（5）：671-679.

［532］赵兴华．领导—成员交换、心理授权与员工创新行为关系研究［J］．中外企业家，2013（3）：67-68+92.

［533］祝振兵，曹元坤，彭坚．积极追随原型—特质匹配对辱虐管理的影响——基于多项式回归与响应面分析的探索［J］．心理科学，2017, 40（6）：1405-1411.

［534］祝振兵，陈丽丽，梁玉婷．内隐追随对员工创新行为的影响：领导支持和内部动机的作用［J］．中国人力资源开发，2017（7）：16-24.